Petrik Wittwika

Band 2

Weeste noch?

Disko vor dem „Kreml“,
Subbotnik,
„Rentnersilo“, Heißwasserspeicher
und die
Finkgräfe´sche Drogerie-Großhandlung ...

Mitten aus'm Zeitzer
DDR-Alltag

Geschichten und Episoden

Titel-Foto rechts: „Rentnersilo“ bzw. Zwillingshochhaus. Es entstand während der feierlichen Einweihung am 3. Oktober 1974.

Dank gilt ...

allen Freunden, Bekannten und Familienangehörigen, die durch ihre Erzählungen über längst vergessen Geglaubtes zum Gelingen dieses Buches beigetragen haben, möchte ich meinen herzlichen Dank aussprechen. Insbesondere dem Stadtarchiv und Museum der Stadt Zeitz sei gedankt für die vielfältige kompetente Unterstützung.

---

2. Auflage 2016

Druck und buchbinderische Verarbeitung:
Buchproduktion Finidr, s.r.o., Český Těšín

34128 Kassel, Richard-Strauß-Straße 33, Tel. (0561) 9 37 17 38
www.Herkules-Verlag.de

ISBN 978-3-945608-00-5

de. Domherrenstraße 5 gehörte der Maurermeisterfamilie Topschall und besaß die schönste Haustür von Zeitz mit reicher Verzierung aus der Biedermeierzeit.

Das inzwischen geschlossene Hotel Linke, vormals Hotel „Kronprinz“, wurde nach Auszug des letzten Nutzers, HO-Kommissionshändler Hollstein, **1979** abgerissen. Erhalten blieb lediglich das Hintergebäude, in dem im Auftrag des VEB ZEKIWA nach Rekonstruktionsmaßnahmen Wohnungen entstanden.

Großflächiger Abbruch auf der historischen Domfreiheit 1976

Obwohl sich das Institut für Denkmalpflege in Halle (Saale) jahrelang intensiv um den Erhalt bemühte und den Dialog mit den Entscheidungsträgern vor Ort suchte, erfolgte Anfang **1980** der umstrittene Abbruch von Kalkstraße 7 und damit die Vernichtung barocker Stuckdecken.

Allmählicher Verfall im ältesten Zeitz, dem Brühl

Auch das ehemalige Haus des Scharfrichters Wasserberg 5 am unteren Wendischen Berg, im Volksmund „Schinderhaus“, beseitigte man im Februar **1981**. Fast 250 Jahre stand es dort.

In der Nikolaistraße am Mühlgraben blieb lediglich das alte Gerberhaus von 1682 erhalten, das im Vorfeld der Landesgartenschau 2004 mit viel Mühe rekonstruiert wurde. Alle anderen Gebäude der Häuserzeile von „Klein-Venedig“ verschwanden **zwischen 1980 und 1983**.

Die einst schönste Zeitzer Haustür in der Domherrenstraße 5 verschwand 1976

Das Eckhaus Brühl 1, einst die mit herzoglichem Privileg ausgestattete Hofbäckerei aus dem späten 17. Jahrhundert, wurde 1986 ebenso wie das Nachbargebäude Brühl 2 abgerissen.

Flächenabriss am Berghang in der Scharrenstraße 1989

Brühl 9 und 10 an der Ecke zur Scharrenstraße verschwanden im Februar **1987** aus dem Stadtbild.

Abbruch des im Kern gotischen Hauses Friedensplatz 13

Zwischen 1987 und 1989 wurden ausgehend vom Brühl die Häuser Scharrenstraße 18 bis 25 abgerissen. In der Rothestraße sind bereits seit einigen Jahren immer wieder Abrisse im Gang. Das Areal gleicht zeitweise einer Trümmerwüste.

Das Barockhaus Kalkstraße 7 muss einem Parkplatz weichen

INHALT

„WEESTE NOCH, WIE DAS DAMALS WAR?“

Dem großen Erfolg von Band 1 mit zahlreichen Geschichten und Episoden aus dem Zeitzer DDR-Alltagsleben folgt nunmehr die abschließende Fortsetzung. Noch einmal geht es querbeet durch die Geschichte der Stadt Zeitz in der Zeit nach 1945 bis zur deutschen Wiedervereinigung mit einer Mischung aus mehr oder weniger für wichtig erachteten Begebenheiten, erzählter Geschichte und historischen Tatsachen.
Obwohl jeder „gelernte DDR-Bürger“, wie eine viel gebrauchte, oft mit einem Schmunzeln verbundene Redewendung von heute der meist über 60-Jährigen besagt, individuelle Erinnerungen und Erlebnisse an sein Leben in der DDR hat, ist es ein Ziel des Buches, so manches längst Vergessene, was Generationen prägte, wieder zu entdecken.
„Weeste noch, wie das damals war?“ – Diese Frage, bewusst im thüringisch-obersächsischen Dialekt der Zeitzer Region formuliert, möge als Ausgangspunkt für den Einstieg in die Lektüre von Band 2 stehen und recht viele Antworten parat halten, aber ebenso eigene Erinnerungen wachrufen, die in keinem Geschichtsbuch stehen, auch nicht in diesem.
Allen Leserinnen und Lesern wünsche ich dabei gute Unterhaltung!

Petrik Wittwika

Oettler'sche Brauereipferde im Hof des „Palmbaum“ in der Schloßstraße 1966

STRENGE WOHNUNGSVERGABE

Am Ende des Zweiten Weltkrieges vollzog sich eine gewaltige Fluchtbewegung in Europa. Dazu zählten Millionen von Menschen aus den Gebieten, die Deutschland gemäß den Beschlüssen der Siegermächte abtreten musste. Sie alle mit Lebensmitteln, Medizin und Unterkünften zu versorgen, war eine Herausforderung für die Städte und Gemeinden.

Granateneinschläge von den Kämpfen im April 1945 waren in der Thälmannstraße noch 1964 sichtbar

Im Westen hießen die Neuankömmlinge „Vertriebene", im Osten nannte man sie – politisch gewollt – „Umsiedler". In einer Industriestadt wie Zeitz war Wohnungsnot überhaupt ein ständiges Problem. Die vor dem Krieg neu entstandenen Wohnungen reichten längst nicht aus, um für jeden passablen Wohnraum zu bieten. „In der schlechten Zeit", wie die heute über 70-Jährigen die Nachkriegsjahre gemeinhin charakterisieren, war die Altstadt dicht besiedelt und jedes noch so halbwegs bewohnbare Hintergebäude mit Haushalten belegt. Auch mussten Wohnungen vielfach aufgeteilt werden. Wie gut, dass es genügend Stätten der Kultur und Unterhaltung in Zeitz gab, wo man dem anstrengenden Alltag kurzzeitig entfliehen konnte.

Ein wichtiges gesellschaftliches Zentrum nach dem Krieg, wo auch das Tanzbein geschwungen wurde: Das FDGB-Gewerkschaftshaus am Bruno-Löffler-Platz 3 im Jahr 1948

Die Auflagen zur Wohnungsvergabe waren streng geregelt. Der Stadtrat Richard Dietrich (SED) war für das städtische Wohnungswesen und die Vergabe von Wohnraum verantwortlich.
Ein Brief an das Zeitzer Wohnungsamt vom 9. April 1953 verdeutlicht die immer noch angespannte Wohnraumknappheit:

„... Ich bewohne seit Dezember 1949 im Hause Puschkinstraße 9 Küche und ein Schlafzimmer. Da der mit mir die Wohnung teilende Rentner über Küche und drei Zimmer verfügt, und wir in Kürze Familienzuwachs erwarten, bitte ich das Wohnungsamt höflichst, mir noch ein Zimmer zuzusprechen. Ansonsten ist unter den neuen Verhältnissen ein Wohnen aus gesundheitlichen Gründen bzw. Raummangel kaum mehr möglich. Der eine Raum ist sehr feucht, während der andere Gasanschluss hat bzw. von einem defekten qualmigen Ofen geheizt wird, andererseits der Rentner über drei sonnige Zimmer mit drei Berliner Öfen verfügt. Bemerken möchte ich noch, dass meine Frau und ich gesellschaftspolitisch tätig sind und täglich an der Erfüllung des Fünfjahrplanes mithelfen, es andererseits doch das Ziel unserer Regierung ist, dass gesunde Mütter gesunde Kinder großziehen.
Mit der Hoffnung, dass das Wohnungsamt meine Bitte erfüllt, verbleibe ich mit ...“

Die Vertriebenen wurden in verschiedenen öffentlichen Gebäuden im gesamten Stadtgebiet untergebracht. Offiziell war in der Amtssprache der Verwaltungen von „Umsiedlerlagern“ die Rede. Durch ihren schlesischen oder ostpreußischen Dialekt fielen sie recht schnell im Alltag auf.

Stadtküche in der Moritzburg während der Essensausgabe

1945/1946 bestanden folgende Einrichtungen:
„Schützenhaus“, Schützenplatz 2
„Stadtgarten“, Thälmannstr. 15
„Vater-Jahn-Turnhalle“, Vater-Jahn-Straße 30
Schloss Moritzburg, Schloßstraße 6

Anfang April 1946 waren das Quarantänelager „Schützenhaus“ und das Lager „Vater-Jahn-Turnhalle“ auf Anordnung der SMA aufgelöst worden.

DEMOKRATISIERUNG

SONDERSTEUER FÜR EHEMALIGE NSDAP-MITGLIEDER?

Wäre es nach dem Willen einiger Zeitzer SED-Stadträte gegangen, hätten ehemalige Mitglieder der NSDAP eine Sondersteuer zur Wie-

1946 eingerichtetes Kinderheim am Volksplatz

dergutmachung zahlen müssen, da sie „dieses verbrecherische System materiell unterstützt haben". Sie sollten damit „einen kleinen Teil dazu beitragen, die Not und das Elend etwas zu mildern".
Dieser am 31. Januar 1947 von der Stadtverordnetenversammlung beschlossene Antrag wurde beim Landtag der Provinz Sachsen-Anhalt eingereicht. Da das Ansinnen über die Einführung einer Sondersteuer den damals geltenden steuerrechtlichen Bestimmungen und dem Kontrollratsgesetz Nr. 12 widersprach, konnte ein solches Gesetz vom Landtag nicht beschlossen werden.

SCHULE AUCH MIT „ALTLEHRERN"

Der Aufbau einer neuen Bildungs- und Schullandschaft konnte nicht nur durch die bekannte Einstellung von Neulehrern erfolgen. Auf den Einsatz erfahrener Pädagogen war man regelrecht angewiesen. Das konnten allerdings nur solche sein, die nicht Mitglied der NSDAP waren oder anderweitig faschistische und rassistische Ideologie verbreitet hatten. Mit Wirkung vom 1. Oktober 1945 wurde der Zeitzer Lehrer a. D. Albert Kallweit durch Erlass des Bezirkspräsidenten des Verwaltungsbezirks Merseburg wieder in den Schuldienst der Stadt Zeitz als kommissarischer Rektor der 1. Volksschule in der Schillerstraße zurückberufen. Diese Stelle bekleidete während der Nazizeit Rektor Hermann Nagel. Viele Aufgaben waren zu bewältigen. Rektor Kallweit war 1947 im Alter von bereits 61 Jahren neben seiner Schulleitungstätigkeit 1. Vorsitzender des Verbandes der Lehrer und Erzieher im FDGB vom Kindergarten bis zum Oberstudiendirektor, gleichzeitig Vorsitzender des Kreislehrerrates, ferner Dozent in der Lehrerfortbildung, aber auch Stadtverordneter sowie Vorsitzender des amtlichen Antifa-Ausschusses und Vorsitzender des Schul-Ausschusses beim Rat der Stadt Zeitz.

ÜBERVOLLE KLASSENZIMMER

Aus einem Bericht des Stadtschulamtes für das 4. Quartal 1947:
„Die Paul-Wegmann-Schule am Thomas-Müntzer-Platz wurde am 10. Oktober 1947, nach Instandsetzung (...) wieder in Betrieb genommen. Nach Aufteilung der bisher bestandenen drei Grundschulen und nach Auflösung der Mittelschule in vier Stadtschulbezirke und zwar nach Straßen geordnet, wurden der Paul-Wegmann-Schule 1330 Schüler (Jungen und Mädchen) überwiesen, die in diesem Gebäude unterrichtet werden.
Am 13. Oktober 1947 wurden die Schulneulinge in allen Stadtschulen eingeführt. Es wurden insgesamt 855 Kinder aufgenommen. Jeder Neuling erhielt bei der Aufnahme einen Berechtigungsschein zum Einkauf von 125 g Süßwaren und 275 g Gebäck ausgehändigt. Gegenüber dem Jahre 1946 war ein Zugang von 138 Kindern zu verzeichnen. Das Mehr ist auf den Zuzug von Umsiedlerfamilien zurückzuführen ...“

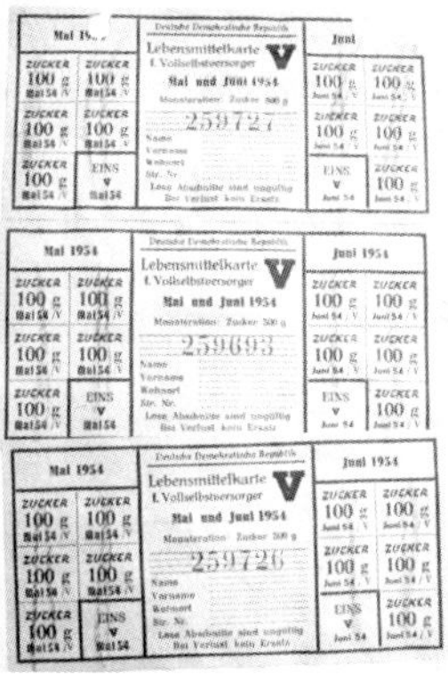

Lebensmittelkarte von 1954

Am 31. Dezember 1947 betrug die Schülerzahl in den einzelnen Stadtschulen:

Schule	Schülerzahl
1. Stadtschule	1000
2. Stadtschule	1314
3. Stadtschule	1340
4. Stadtschule	1384
Pestalozzischule (Hilfsschule)	311
Oberschule für Mädchen	280
Oberschule für Jungen	405
Verbandsberufsschule (einschließlich Berufsfachschulen)	4892

WIEDERAUFBAU MIT VEREINTEN KRÄFTEN

ANGST VOR SEUCHEN

Zeitz hatte wahrlich Glück im Unglück. Durch die Bombenangriffe 1944/1945 waren Schäden an Häusern entstanden, die man im Vergleich zu anderen Städten als überschaubar bezeichnen konnte. Sicher, für diejenigen, die ihr Haus samt Hab und Gut verloren hatten, war das kein Trost. Innerhalb der ersten Nachkriegsjahre waren aber die meisten Trümmerstellen beseitigt. Erheblichen Schaden hatten allerdings Straßenkanäle und Straßendecken in der Röntgenstraße, Virchowstraße, Klosterstraße, Tröglitzer Straße und in der Bornpromenade genommen. Damit sich keine Seuche ausbreiten konnte, war es notwendig, eine geordnete Ableitung des Schmutz- und Niederschlagswassers schnell wieder zu gewährleisten. Unterdessen wurde trotzdem die Seuchenstation des Krankenhauses erweitert durch Einbeziehung des Hauses Lindenplatz 12, das deshalb von seinen Mietern beräumt worden war. Viele Hände sorgten dafür, dass im Sommer 1946 erstmals Bilanz gezogen werden konnte über das Erreichte im Zeichen des Wiederaufbaus von Gesellschaft und Wirtschaft in Zeitz.

Das geschah nicht ohne Grund, denn am 8. September 1946 standen Gemeindewahlen an. Die SED selbst sah sich als „Partei des Aufbaues“ und entscheidende Triebkraft für eine bessere Welt. „Mit der SED vorwärts in eine bessere Zukunft!“, war die Losung jener Zeit.

Das alte, einst vorstädtische Haus Lindenplatz 12 war auch nach 1945 „Seuchen- und Siechenhaus“

Viele Bürger setzten nach dem Krieg und der allumfassenden Zerstörung und Demoralisierung große Hoffnungen in eine bessere Gesell-

So wie hier in der Wasservorstadt vor den Kommunalwahlen 1946 machte die SED an allen möglichen Orten Wahlpropaganda

schaftsordnung und wählten nicht nur SED, sondern traten aus Überzeugung in die Partei ein. Die Kandidaten für die Kommunalwahl im September 1946 kamen aus allen möglichen Berufsgruppen und Schichten der Gesellschaft.

ENTLAUSUNGSANLAGE IM SCHLOSS MORITZBURG

Die in der Moritzburg untergebrachten Vertriebenen befanden sich nach ihrer Ankunft, der eine meist wochen- oder monatelange kräftezehrende Flucht vorausgegangen war, oft in einem gesundheitlich und hygienisch bedenklichen Zustand. Deshalb gab es in der Moritzburg neben der Brausebad-Anlage auch einen Entlausungsraum, in dem stündlich 40 Menschen von Ungeziefer befreit werden konnten.

Schloss Moritzburg mit Blick zur Oberstadt

VERWALTUNG UNTER ERSCHWERTEN BEDINGUNGEN

Untergebracht war die sowjetische Stadt- und Kreiskommandantur ab 1945 im Rathaus, das durch den Luftangriff vom 30. November 1944 großen Schaden genommen hatte. Problematisch in den ersten Nachkriegsjahren war, dass immer mehr Räume in der Folgezeit von der Kommandantur beansprucht wurden. 1946 waren bereits mehr als die Hälfte aller Diensträume von den Sowjets beschlagnahmt. Das bedeutete für die deutschen Verwaltungsangestellten eine enorme Beeinträchtigung ihrer ohne schon hin immensen Verwaltungstätigkeit. Zahlreiche Abteilungen der Stadtverwaltung mussten deshalb in Wohnhäusern untergebracht werden.

SOWJETS IN MEHREREN ÖFFENTLICHEN GEBÄUDEN

Weiterhin in Beschlag genommen wurden bis Herbst 1945 noch andere bekannte Zeitzer Einrichtungen. Die Oberschule in der Humboldtstraße war bereits während des Zweiten Weltkrieges Lazarett sowie Fremdarbeiterlager und nach der Besetzung durch die Sowjets ab 1945 russisches Offizierslazarett.

Bis 1. April 1948 diente das Gebäude sogar als russisches Hospital für Geschlechtskranke, das der SMA in Weimar unterstellt war. Im Mai 1948 war das Haus zwar längst geräumt, aber noch nicht der deutschen Selbstverwaltung übergeben. Es stand ungenutzt, nur eine kleine Wache war vor Ort zurückgeblieben. Das Wohnviertel der Humboldtstraße mit seinen bürgerlichen Villen und Wohnhäusern war ohnehin schon für Wohnzwecke der Besatzungsmacht in Anspruch genommen worden. Ein russisches Lazarett gab es ebenso in der Richterklinik und im Amtsgericht am Brehmeplatz. Außerdem wurde sowohl die Artillerie- als auch die Infanterie-Kaserne nach der Besetzung von der Roten Armee genutzt.

AMTSGERICHT IN BEWEGUNG

Nicht nur die städtischen Angestellten mussten mit Notquartieren vorübergehend auskommen. Auch die Justizangestellten des Amtsgerichts waren bis 1947 unter dem Dach des „Fürstenhofes" einquartiert, weil das Gerichtsgebäude am Brehmeplatz von den Besatzern in Beschlag genommen worden war. Der „Fürstenhof" diente danach noch viele Jahrzehnte als Gaststätte, Postamt und Wohnhaus, ist aber seit vielen Jahren nur als Ruine ein Blickfang am verkehrsreichen Kleefeldplatz.

HOCHKONJUNKTUR IN DER ZUCKERFABRIK

SIRUP MIT EIGENER REZEPTUR

In Zeitz entstand schon 1857/1858 eine der größten mitteldeutschen Fabriken zur Herstellung von Weißzucker aus Rüben. Unter der Führung Wilhelm Güttes hatte sich der Betrieb im ersten Viertel des 20. Jahrhunderts zu einer der größten Zuckerfabriken Deutschlands entwickelt. Das „Volksblatt" der SPD berichtete am 28. Januar 1946, wie schnell nach Kriegsende die Produktion wieder auf Hochtouren lief. Im Herbst 1945 hatte man die alte Leitung des Betriebes entlassen. Schwierig war die Bewältigung der ersten Kampagne. Besonders hervorgehoben wurde der Einsatz von 14 Antifaschisten. 481 000 Zentner Weißzucker konnten ausgeliefert werden, womit man neun Prozent über dem Plansoll lag. Am Ende des Artikels beschwor man:
„All unser Schaffen muss in der Zukunft nur dem Aufbauwerk unseres Volkes und dem Frieden dienen."

Im Folgejahr verfügte die Zuckerfabrik über das größte Rübeneinzugsgebiet in der SBZ mit 13 000 Anlieferern aus zehn Kreisen, und 800 Arbeiter waren mit der Verarbeitung der Rüben beschäftigt.
Die Zuckerfabrik blieb einer der wichtigsten Industriebetriebe bis zur Wende mit einer hohen Produktion, die beispielsweise 1987 bei 59 000 Tonnen Weißzucker lag. Danach wurde das Werk von Südzucker übernommen

und vollständig modernisiert. Ein süßer Geruch über Zeitz verrät auch noch heute: Die Kampagne in der „süßen Stadt" hat wieder einmal begonnen.

1946 gab es übrigens nur wenige Haushalte, in denen nicht nach eigener Rezeptur Sirup aus Zuckerrüben gekocht wurde. Vorher mussten die Rüben zumeist auf dem Feld „gestoppelt" werden.

Zuckerfabrik Zeitz

„HÖRIGS WITWE"

EINKEHR UND UNTERHALTUNGSMUSIK

Nicht nur die großen und überregional bekannten Gaststätten prägten den Zeitzer Feierabend im Nachkriegsalltag. Beliebt war das Lokal Neumarkt 15, das Erna und Georg Hörig in Fleischermeister Kalbs früherem Speisehaus 1936 eröffneten. Hier bei „Hörigs Witwe", wie Volkes Mund das gut gehende Lokal nannte, tranken die Arbeiter gern ihr kühles Helles nach getaner Arbeit in einem der zahlreichen kleineren und größeren Betriebe.

1950 übernahm die staatliche HO (Handelsorganisation) den bisher mit zwei Personen unter der Leitung von Erna Hörig geführten Gaststättenbetrieb. Mit nunmehr über zehn Angestellten war dieser Betrieb auf Dauer jedoch nicht rentabel, sodass die Gaststätte recht bald ihre Pforte schloss. In der Folgezeit gab es in dem uralten Gemäuer einen Kindergarten und Wohnungen. Mit viel Engagement und denkmalpflegerischer Sorg-

Werbeanzeige von Hörigs bekannter Gaststätte am Neumarkt nach 1945

falt wurde das der Familie 1991 rückübereignete Haus von der Enkelin Ina Kühn geborene Hörig, die Zeitz 1997 außerdem zur Weinstadt machte, saniert und als Gaststätte mit Hotelbetrieb 1992 wieder eröffnet.

WOHNUNGSNOT

BEVORZUGTE BEHANDLUNG FÜR „OdFler"

Die überaus große Wohnungsnot nach dem Krieg wurde verstärkt durch die Flüchtlinge aus den ehemaligen Ostgebieten. Für die Regulierung der Wohnungsvergabe war das Wohnungs- und Quartieramt im Rathaus zuständig. Die Vergabe von Wohnungen erfolgte damals nach den Richtlinien zum Wohnungsgesetz vom 8. März 1946. Bevorzugt behandelt wurden Opfer des Faschismus („OdFler"), Kriegsbeschädigte und kinderreiche Familien. Beschwerden erreichten das Amt auch von den Bürgern, deren Wohnungen immer noch von der sowjetischen Besatzungsmacht belegt waren. An rund 400 Neubauwohnungen, die damals dringend gebraucht wurden, war nur im Traum zu denken. Den Kern des Wohnungsbestandes bildete nach wie vor die Altstadt.

RIGOROSE BESCHLAGNAHMUNG VON WOHNRAUM

Einfluss auf die Vergabe von Wohnungen, ja sogar ganzer Häuser nahmen auch der damalige Stadtkommandant Iwanow und General Schlachtschenko von der sächsisch-anhaltischen Landeskommandantur.
Ein zeitgenössischer Bericht von 1948 erzählt vom typischen Ablauf der Inanspruchnahme von Wohnraum in den ersten Nachkriegsjahren:

„Die Übergabe von den von der Besatzung in Anspruch genommenen Räumen oder Wohnungen geht meist telefonisch vor sich. Der Beauftragte der Kommandantur und des Wohnungsamtes gehen dann in die betreffenden Viertel und es wird festgestellt, welche Häuser freigegeben werden. Auf Wunsch des Offiziers werden die Wohnungen aller Häuser dann größtenteils noch einmal durchgegangen. So war es bei den Häusern Humboldtstraße 17, 19 und 21. Bei den Grundstücken 8 und 10 wurde von dem betreffenden Offizier nur mitgeteilt, dass diese Wohnungen der ZEMAG zur Verfügung gestellt werden. Eine Besichtigung fand daraufhin seitens des Wohnungsamtes nicht statt. Es handelt sich in diesem Fall um eine Beschlagnahme durch die Besatzungsbehörde …"

WIDERSPRUCH ZWECKLOS

Widerspruch oder Einspruch gegen die Praxis der Besatzungsmacht war sinnlos. Geräumt werden mussten die Wohnungen überstürzt in kürzester Zeit. Oftmals konnten die Familien auch bei Freigabe ihrer Wohnung nicht mehr in ihre gewohnte Umgebung zurückkehren.

Eine Zeitzeugin berichtet:

„Meine Schwiegereltern lebten in der Humboldtstraße 17, einem der begehrtesten Wohnviertel von Zeitz zur damaligen Zeit. Es muss im Frühjahr 1947 gewesen sein, als das Haus, das der Witwe des früheren Stadtsekretärs Haake gehörte, von jetzt auf gleich für sowjetische Offiziere geräumt werden musste. Vorübergehend mussten sie sich erst einmal eine Wohnung mit der Witwe Wanda Perz in der Dr.-Lange-Straße teilen. Man hielt es miteinander aus. Ärger gab es allerdings, als die ‚alte Perz'n' mit der bloßen Hand in den Kochtopf meiner Schwiegermutter langte. Aber das wurde ihr recht schnell verziehen, denn es waren ja die Hungerjahre."

Vornehme Wohnhäuser in der Humboldtstraße nahmen die sowjetischen Besatzer in Beschlag

HUNGER UND KÄLTE

Hunger und Kälte blieben über Jahre die zwei großen existentiellen Probleme der Menschen in der Nachkriegszeit. Bis 1958 wurden in der DDR Lebensmittelkarten ausgegeben, bei Verlust, beispielsweise durch Diebstahl, was nicht selten vorkam, erfolgte kein Ersatz. Fleisch lag meistens nur am Sonntag auf dem Teller. Jedermanns Geschmack ist es freilich nicht, aber Frömmelts Pferdefleischerei in der Parzellenstraße machte viele in der Nachkriegszeit mindestens einmal satt.

Heuernte bei Zeitz 1950

Wenn die Kohlebriketts knapp wurden, halfen Wärmflaschen oder in Zeitungspapier erhitzte und eingewickelte Ziegelsteine, um der Kälte zu trotzen. Die Stadt reagierte mit Einrichtung einer Wärmstube. Bäder besaßen die wenigsten Wohnungen, weshalb ein Wannenbad im städtischen Volksbad, eine Stiftung Albin Naethers aus dem Jahr 1906, in der Freiligrathstraße eine besondere Wohltat war.

TRAGISCHE EREIGNISSE IN DER NACHKRIEGSZEIT

Was als tragisch im Sinne des alten Griechen Aristoteles anzusehen ist, darüber streiten sich allzu gern die Literaturwissenschaftler und Philosophen. Inflationär umgegangen wird oft mit dem Begriff des Tragischen. Eine Vorstellung davon entwickelt letztendlich jeder selbst.

BUSTRAGÖDIE AM WENDISCHEN BERG 1947

Einem Omnibus der Linie Zeitz – Halle versagten eines Tages im April frühmorgens 7 Uhr plötzlich die Bremsen. Mitsamt den Fahrgästen raste er geradewegs den Wendischen Berg hinunter in die Wasservorstadt, durchbrach schließlich das Geländer der Karl-Marx-Brücke und landete wie durch ein Wunder auf einer Baumkrone. Die Insassen erlitten einen Schock. Mehrere Verletzte waren zu beklagen, glücklicherweise keine Toten.

EHETRAGÖDIE IN DER HOSPITALSTRASSE 1947

Es nahm seinen Ausgang wie in einem herkömmlichen Kriminalfilm. Verwandte wollten am frühen Abend des 14. Juni 1947 das junge Ehepaar Annemarie und Horst Kugellis in der Hospitalstraße 12 besuchen. Anlass war der 27. Geburtstag des Mannes. Merkwürdigerweise öffnete niemand die Tür. Schnell stellte sich heraus, dass der Mann sich in seiner Bodenkammer erhängt hatte. Seine junge, 22 Jahre alte Ehefrau lag blutüberströmt tot in ihrem Bett. Der eiligst herbeigerufene Arzt stellte 14 Messerstiche am Hals und in der Herzgegend fest. Polizeiliche Ermittlungen ergaben, dass die Beziehung des Paares schon vor der im März erst stattgefundenen Hochzeit problematisch war. Der junge Mann litt an einer Nervenerkrankung, die in Wutausbrüchen zum Vorschein kam. Am Vortag der Tragödie fand ein heftiger Streit statt.

KOHLENSTAUB-EXPLOSION IM „BAU 90“

Die Arbeit in einem Chemiebetrieb war und ist immer mit Risiken verbunden. Am 29. Mai 1948 kam es um 10 Uhr zu einer schweren Kohlenstaub-Explosion in der Grude-Mühle des Hydrierwerk-Kraftwerks, damals Staatliche AG „Gasolin“, bei der über 40 Beschäftigte ihr Leben verloren und zahlreiche schwere Verbrennungen erlitten. Viele der Opfer starben noch Tage danach an ihren Verletzungen. Für die Toten richtete man eine würdige Trauerfeier auf dem Michaelisfriedhof aus, die auch Mitglieder des Theaters Zeitz und die Kirchen mit ausgestalteten.

CHRISTSTOLLEN VERTAUSCHT 1948

Üblich war es früher in Dorf und Stadt, die Stollen in der Vorweihnachtszeit zum Bäcker zu schaffen, um sie dort backen zu lassen. Eine bittere Erfahrung musste eine Hausfrau kurz vor Weihnachten 1948 mit ihren Stollen machen. Nachdem sie diese beim Bäckermeister in der August-Bebel-Straße wieder abholen wollte, musste sie mit Entsetzen viel kleinere und minderwertigere Stollen in Empfang nehmen. Waren ihre Namenstecker abgefallen oder hatte hier jemand bewusst etwas vertauscht? Was folgte, war jedenfalls ein heftiger Krach mit ihrem Bäcker. Letztendlich kam nichts dabei für sie heraus. Unverrichteter Dinge musste die Betrogene nach Hause zurückkehren. Die Freude am Weihnachtsfest war der Familie sicher vergangen.

„JUNGE SCHRITTMACHER KOMMEN NACH ZEITZ!"

JUNGAKTIVISTEN-KONGRESS

Jungaktivisten führte der Weg mit viel Propaganda insgesamt viermal nach Zeitz. Den Auftakt bildete der „Kongress Junger Arbeiter der Volkseigenen Betriebe" am 10. und 11. April 1948 im damaligen Hotel am Roßmarkt, dem früheren „Preußischen Hof". Für die mitteldeutsche Stadt in der Sowjetischen Besatzungszone (SBZ) mit ihren vielen kleinen und großen Betrieben war es ein Ereignis wie kein anderes zu dieser Zeit. Überall säumten an diesen zwei Tagen junge Frauen und Männer zwischen Bahnhof und Stadtzentrum die Straßen. Die alte Stadt wurde von der Jugend förmlich belagert. Ihnen gehörte die Zukunft, sie sollten der Motor für den Wiederaufbau eines neuen, besseren Deutschlands sein. Egal, wo sie tätig waren, ihre Arbeitskraft und ihr Einsatz wurden – neben aller Propaganda – erkannt und entsprechend wertgeschätzt. Es ist wahrscheinlich, dass man mit der Wahl der mitteldeutschen Industriestadt ein Zeichen der Aufbruchstimmung setzen wollte und sie deshalb Berlin vorzog.

Der 31 Jahre alte Zeitzer Gerhard Albrecht war ADN-Korrespondent und Mitarbeiter des Sowjetischen Nachrichtenbüros (SNB). Von seiner Wohnung in der August-Bebel-Straße aus sendete er, unterstützt von seiner Frau Lore, die neuesten Nachrichten an die interessierte Presse, so unter anderem: *„Zeitz hat ein völlig anderes Gesicht bekommen. Wenn man vom Bahnhof herkommt und zum Mittelpunkt der Stadt läuft, wird man mit jedem weiteren Schritt an den bevorstehenden Kongress erinnert. Von den Häusern leuchten* *blaue Transparente mit den Losungen für den Kongress. Die Normaluhr ist ein Blickfang geworden, und fortwährend können wir die Zeitzer Bevölkerung sehen, die sich die Losungen durchliest, welche in Form einer Pyramide um die Uhr gebaut sind."*

Unter den Teilnehmern befanden sich im Präsidium bekannte Politiker wie Walter Ulbricht, Otto Grotewohl, Hans Jendretzky, Georg Dertinger, Alfons Gärtner, Fritz Selbmann, Bert Williams aus Australien vom Weltbund der Demokratischen Jugend, Edith Baumann, Erich Honecker sowie Oberst Tjulpanow als Mitglied der Sowjetischen Militäradministration in Deutschland (SMAD).

Das FDJ-Emblem am Tagungslokal Roßmarkt 13 wog sechs Zentner

Am zweiten Tag wurden nach den Redebeiträgen abschließend die 100 besten Jungaktivisten ausgezeichnet und prämiert. Insgesamt 105 Sachprämien wurden vergeben. Darunter waren fünf für Kollektivleistungen. Beispielsweise erhielt das Jugendkollektiv des E-Werks Leipzig-Süd ein Radio. In einer angespannten Situation hatten die Jungaktivisten einen Kesselschaden behoben, in 100 Überstunden 28 geplatzte Kesselrohre repariert und damit die Stromversorgung Leipzigs abgesichert.

Aber auch Innovationen fanden Zuspruch und Belohnung. Der technische Zeichner Alfred Quaas aus der Braunkohlengrube „Emma" bei Zeitz hatte gleich mehrere Verbesserungsvorschläge eingebracht. Die von ihm durchgeführte Schmierung von Achsenlagern an Abraumwagen führte zu einer 50-prozentigen Einsparung von Schmieröl. Als Anerkennung dafür erhielt er einen Mantelstoff. Die Abschlusskundgebung des Kongresses fand am Abend des 11. April 1948 auf dem menschengefüllten Altmarkt statt.

„Aus 352 volkseigenen und 63 SAG-Betrieben kamen 552 Delegierte zu diesem Kongress. Sie vertreten unmittelbar 85.000 Jugendliche. Unter den Delegierten befinden sich 96 Mädchen. Jünger als 18 Jahre sind 141 Delegierte. 268, das sind 72 Prozent der Delegierten, sind zwischen 18 und 21 Jahren alt. 450 Delegierte, das sind 82 Prozent der Anwesenden, gehören der FDJ an, 99 Prozent dem FDGB.

Aus Berlin und den drei Westzonen sind 95 Gastdelegierte, darunter 40 Mädchen, nach Zeitz gekommen. 82 davon gehören der FDJ an, zwei sind bei den Falken. Sie vertreten 74 Betriebe mit insgesamt 40.000 Jugendlichen.

Jüngste Teilnehmer des Kongresses sind Christa Marquardt aus der Greizer Kammgarnspinnerei – sie wird im nächsten Monat 15 – und Lothar Köchel von der Crimmitschauer Tuchfabrik. Er feiert im Juni seinen 15. Geburtstag."

(Quelle: Bericht der Mandatsprüfungskommission vom 11. April 1948)

Unter der Schlagzeile „Unsere Zeit braucht die revolutionären Taten der Jugend“, berichtete das Zentralorgan der SED, „Neues Deutschland“, am 8. April 1968 über den tags zuvor stattgefundenen Schrittmacherkongress im Klubhaus des VEB Hydrierwerk. Wieder ist die innovative Jugend der DDR in Zeitz zu Gast.

Jungaktivisten-Kongress 1978 mit den bekannten SED-Politikern Egon Krenz, Harry Tisch, Werner Krolikowski

Das nächste Treffen der Jugendbrigadiere am 7. und 8. April 1978 stand ganz im Zeichen von „30 Jahre Jungaktivistenbewegung“. Gäste im „Hyzet-Klubhaus“ waren u. a. Harry Tisch, Vorsitzender des Freien Deutschen Gewerkschaftsbundes (FDGB), Egon Krenz als Erster Sekretär des Zentralrats der Freien Deutschen Jugend (FDJ) sowie das Politbüromitglied Werner Krolikowski.

Jungaktivisten-Kongress 1978 im VEB Hydrierwerk Zeitz („Hyzet“)

Jungaktivisten-Kongress 1978 im VEB Hydrierwerk Zeitz („Hyzet“)

40 Jahre später, das Ende der DDR war längst absehbar, kam es im April 1988 noch einmal zum Zusammentreffen der besten Jugendbrigaden aller Bezirke im Klubhaus „Marx-Engels“ des VEB Hydrierwerkes Zeitz. Neue Initiativen im sozialistischen Wettbewerb zur Stärkung der Leistungskraft der DDR mit der Losung: „Jugend an die Spitze aller Wettbewerbe!“ waren der propagierte Diskussionsschwerpunkt. Über 600 Brigadiere aus allen Teilen der Republik nahmen an dieser Veranstaltung teil. Genützt haben die vielen Neuerervorschläge am Ende recht wenig. Die Wirtschaft der DDR lag allem Ideenreichtum zum Trotz am Boden.

VOLKSSOLIDARITÄT IN DER ROSSNER-VILLA

NIEMAND SOLLTE SICH IM ALTER NUTZLOS FÜHLEN

In der früheren Villa des Obermühlenbesitzers Rossner in der Stephansstraße 18 wurde am 7. Mai 1960 ein Veteranenklub der Volkssolidarität eröffnet. Er war fortan Heimstatt für die Veteranen der Arbeiterklasse und alle anderen älteren Mitbürger. Niemand sollte sich im Alter nutzlos fühlen, so die Maxime.

Aus der Rossner-Villa wurde die Heimstätte der Volkssolidarität

Hier in der ehemaligen Villa Rossner traf sich der Veteranenklub der Volkssolidarität

Dafür sorgte ein breites Angebot an kulturellen Veranstaltungen und geselligen Zusammenkünften unter dem Motto „Tätigsein – gesellig und Fürsorge". Kostenlose Wannenbadbenutzung und gemeinsames Fernsehen bot man ebenfalls an. Ob Handarbeit, Chor oder Skatspiel – für jeden war etwas dabei. Auch Buchbesprechungen, politische Vorträge oder einfach nur der Austausch von Erlebtem in Vergangenheit und Gegenwart gehörten dazu.

„Stopf-Omas" im Einsatz 1962

Patenschaftshilfe der Jungen Pioniere

Tausende Stunden gemeinnütziger Tätigkeiten leisteten die Rentner im Rahmen des Nationalen Aufbauwerkes (NAW) bereits in den frühen 1960er-Jahren durch ihr Engagement bei der Volkssolidarität.

„STOPF-OMAS" IM EINSATZ

Im Veteranenklubhaus gab es 1962 bereits sechs Brigaden von je vier Omas. Diese sortierten und säuberten Kartons für den VEB Zetti, damit sie wieder benutzt werden konnten. Die Stopf- und Flickbrigaden besserten so manches Kleidungs- und Wäschestück aus und erleichterten somit das Leben so mancher werktätiger Hausfrau. Einige Veteraninnen leisteten sogar bei Erkrankung eines Elternteils in Familien wertvolle Unterstützung im Haushalt.

MAHNUNG UND POLITISCHE SELBSTDARSTELLUNG

ODF-DENKMAL AM FRIEDENSPLATZ

Was an Denkmälern aufgestellt, verändert oder abmontiert wird, bestimmen Politik und Geist der jeweiligen Epoche. Das 20. Jahrhundert mit seinen politischen, ideologischen und kulturellen Brüchen brachte viel Bewegung in die deutsche Erinnerungskultur und seine Denkmäler. Ein eigenes Kapitel Stadtgeschichte bildet der Umgang mit Denkmälern und Gedenktafeln vor und nach 1945.
Bereits 1946 dachte man in Zeitz an die Aufstellung eines Denkmals für die Opfer der Naziherrschaft, denn die Schrecken der Terrorherrschaft des Nationalsozialismus und des Zweiten Weltkrieges waren noch zu allgegenwärtig. Wo es stehen sollte, musste zunächst geklärt werden.
Ein erster Vorschlag von der SED zielte auf die Karl-Marx-Promenade, die frühere Hindenburg-Promenade, wo die zum reaktionären Symbol erklärte Siegessäule, einst Schmuck des Altmarktes bis April 1937, abgerissen wurde. Die CDU-Ortsgruppe votierte allerdings für einen zentraler gelegenen Standort.
Am 25. November 1949 stand schließlich der in Friedensplatz umbenannte Altmarkt als zukünftiger Standort fest. Nunmehr waren die Fragmente des „Finkgräfe-Brunnens" im Wege, aus dessen bronzenem Aufsatz, der den Erzengel Michael zeigte, 1942 Kanonenkugeln gegossen worden waren, und der selbst weitgehend zerstört vor dem Rathaus stand.

Die Grundsteinlegung für das Denkmal fand am 10. September 1950 statt, am 12. November desselben Jahres wurde es im Beisein von etwa 12 000 Menschen eingeweiht. Geschaffen hatte es der Künstler Robert Propf (1910–1986) aus Köthen und 75 000 DM gekostet. Der Erzengel Michael als Drachentöter ist als steinerne Figur im restaurierten Antlitz am Hauptportal der Michaeliskirche zu bestaunen. In den folgenden fast

40 Jahren avancierte das OdF-Mahnmal, das in den ersten Jahren VVN-Denkmal genannt wurde, zum bekanntesten Erinnerungs- und Gedenkort in Zeitz. Zu wiederkehrenden politischen Großveranstaltungen wie dem „Internationalen Kampf- und Feiertag der Werktätigen für Frieden und Sozialismus“ am 1. Mai oder aus Anlass des Jahrestages der Befreiung vom Hitlerfaschismus stand es immer wieder im Zentrum der Kundgebungen. Traditionell legten frisch vermählte Brautpaare nach ihrer Eheschließung im Rathaus den Brautstrauß am OdF-

OdF-Denkmal am Friedensplatz

Tradition für frisch Vermählte: Niederlegung eines Brautstraußes am OdF-Mahnmal

Denkmal nieder.

Nach umfassender Sanierung des Altmarktes steht das in Lauchhammer restaurierte Denkmal auf einem neuen, von der Kaynaer Steinmetzwerkstatt Späte mit Schriftzug versehenen Sockel und mahnt wieder auf dem zentralen Platz der Stadt wider das Vergessen der Verbrechen des Nationalsozialismus.

1953 – VOLKSAUFSTAND UND KIRCHENKAMPF

„WIR WOLLEN LEBEN WIE DIE MENSCHEN, WEITER WOLLEN WIR NICHTS!“

Mit dieser Forderung machte bereits im April 1953 ein Arbeiter namens Engelhardt bei einer Diskussion mit der SED-Parteileitung im

Hydrierwerk Zeitz aufmerksam. Gewiss ein Vorbote der bevorstehenden Streikbewegung, deren Ursachen in der praktizierten Politik der SED zu suchen sind. Anfang 1953 spitzte sich der Unterschied der Lebensbedingungen in Ost- und Westdeutschland immer mehr zu. Die Erhöhung der Normen durch die SED-Regierung rief allerdings nicht so viel Empörung unter den Zeitzer Arbeitern hervor wie auf den Großbaustellen in Berlin. Aber auch in Zeitz schlug die Staatsmacht oft unerbittlich zu in jener Zeit. Zahlreiche Schauprozesse gegen angebliche „Wirtschaftsverbrecher" fanden öffentlich statt. Ein Sack Mehl zu viel im Geschäftslager konnte drakonische Strafen nach sich ziehen. Egal wie alt die Beschuldigten waren, eine öffentliche Demütigung war ihnen gewiss. Eine Zeitzeugin erlebte einen derartigen „Prozess" im „Haus der DSF", wo zwei ältere Frauen zitternd auf der Bühne saßen und Anschuldigungen über sich ergehen lassen mussten.

Wie hier in Belzig/Brandenburg waren die Sowjets am 17. Juni auch in Zeitz in Alarmbereitschaft und mit Maschinenpistolen bewaffnet

Die Streiks der Berliner Bauarbeiter am 16. Juni 1953 waren letzten Endes der berühmte Funke im Pulverfass. In 500 Städten und Gemeinden der DDR wurde gestreikt, demonstriert oder zumindest mehr oder weniger heftig diskutiert. Mehrere hunderttausend Menschen zogen auf die Straße. Dabei ging es nicht nur um die Verbesserung der Lebensbedingungen, auch demokratische Reformen, die Absetzung der Regierung Ulbricht und die Einheit Deutschlands wurden gefordert.

TEURER EINKAUF IN HO-LÄDEN

Frust unter der Bevölkerung riefen ebenso die nach wie vor horrenden und unsteten Preise der im Herbst 1948 gegründeten staatlichen Handelsorganisation (HO) hervor. In deren Geschäften und Warenhäusern wurden auf dem Schwarzmarkt begehrte Mangelwaren frei, also ohne Lebensmittelmarken verkauft. Dadurch sollte der Schwarzhandel bekämpft werden. Nachteil daran war aber, dass die Waren für den Normalverdiener eigentlich unbezahlbar waren, wie einige Preisbeispiele aus der Anfangszeit der HO vom November 1948 deutlich machen, die auch 1953 teilweise noch so ähnlich waren:

Margarine 55,00 DM
Zucker 16,50 DM
Magermilch 7,50 DM
1 Paar Damenstrümpfe 33,00 DM
1 Zentner Kohle 16,00 DM

17. JUNI IN ZEITZ

Mitteldeutsche Tageszeitung

Freiheit

Nr. 74/8. Jahrgang — Zeitz, Sonnabend, den 28. März 1953

Im patriotischen Kampf zur Stärkung der Republik

Täglich steigt die Zahl der Verpflichtungen zur freiwilligen Normerhöhung

Frühjahrsaussaat muß bis 31. März beendet werde

Propaganda um die Normerhöhung Anfang 1953 in der regionalen Zeitung „Freiheit“

Eine Massendemonstration oder anderweitige öffentliche Kundgebungen gegen Politik und Regierung gab es am 17. Juni 1953 in der Industriestadt Zeitz nicht. Voller Anspannung verfolgt wurden in den Haushalten wie am Tag zuvor die Berichte vom Radiosender „RIAS“ über die Ereignisse in Berlin. Es lag etwas in der Luft, wie man landläufig eintretende Ereignisse umschreibt, bei denen man nicht weiß, was genau passieren wird. In der ZEMAG, dem größten Betrieb innerhalb des Zeitzer Stadtgebietes, damals eine sowjetische Aktiengesellschaft (SAG), kam es im Verlauf des Tages zu einer kurzzeitigen Arbeitsniederlegung von etwa 70 Beschäftigten, die sich zu einer Versammlung in der Mechanischen Werkstatt II zusammengefunden hatten und heftige Diskussionen führten. „Provokatorischen Elementen“ wurde in der sozialistischen Tageszeitung „Freiheit“ vom 22. Juni die Schuld dafür gegeben. Sowjetsoldaten mit Maschinenpistolen im Anschlag machten der Bevölkerung an wichtigen innerstädtischen Verkehrsknotenpunkten allerdings rasch deutlich, wer im Ernstfall das Sagen hatte im Land.

AUSGANGSSPERRE FÜR DEN STADT- UND LANDKREIS

Aufgrund der angespannten Situation wurde durch den Militärkommandanten zwischen 19 und 5 Uhr des Folgetages eine Ausgangssperre für den Stadt- und Landkreis Zeitz verhängt. In Zeitz kontrollierte die Volkspolizei mit Streifenwagen und GST-Truppen am Abend verstärkt, ob die Ausgangssperre von den Bürgern eingehalten wurde. Heftiger waren hingegen die Ereignisse im nahen Stahlwerk Silbitz, ebenfalls ein SAG-Betrieb, gelegen im Bezirk Gera, wo sich sogar eine Streikleitung gebildet hatte, die lautstark den Rücktritt der Regierung und sofortige Reformen forderte. Das Ende des Volksaufstandes ist bekannt. Der Einsatz sowjetischer Panzer beendete die Unruhen und sicherte die Herrschaft und Vormachtstellung der SED.
Mit zahlreichen Verhaftungen und Verurteilungen wurden in der Folgezeit Streikführer und Oppositionelle ausgeschaltet. Um von eigenen Verfehlungen abzulenken, verurteilte und instrumentalisierte die Propaganda den Aufstand als „faschistischen Putschversuch“. Die Kollektivierung der Landwirtschaft wurde indes verstärkt vorangetrieben. Bis Oktober 1953 hatten sich im Kreis Zeitz bereits 42 Landwirtschaftliche Produktionsgenossenschaften (LPG) gegründet.

ZUNÄCHST KULTFIGUR

Ob auf Straßen und Plätzen, in Betrieben, öffentlichen Gebäuden und Schulen – allgegenwärtig waren in den frühen 1950ern Name und Antlitz des „großen Führers aller friedliebenden Menschen", wie man den angeblich „großartigen", weil „allwissenden" und „weisen" Sowjetführer Josef Stalin (1879–1953) neben mehreren Dutzend weiterer Verherrlichungen charakterisierte. Immer neue Attribute brachte die Propaganda hervor, um ihm zu huldigen. Dass dabei die Grenzen alles Erträglichen weit überschritten wurden, sei nur randläufig bemerkt.
Allgemein bekannt war der Weltgemeinschaft damals allerdings noch nicht, in welchem grausamen Ausmaß Millionen von Menschen, überwiegend unter der eigenen Bevölkerung im Sowjetland, durch Stalins Terrorapparat und den „Säuberungsaktionen" zum Opfer fielen. Vielmehr galt die Sowjetunion (SU) seit den 1920er-Jahren als fortschrittliches Land mit ausstrahlendem Vorbildcharakter unter breiten Teilen der deutschen Arbeiterschaft. Die SU war das Land, das durch Hitlers Vernichtungs- und Eroberungskrieg mit 27 Millionen Toten die größten menschlichen Verluste zu beklagen hatte, letztendlich aber als Sieger und Befreier aus dem Zweiten Weltkrieg gleichermaßen hervorgegangen war.

STALINS 70. GEBURTSTAG 1949

Einen ersten Höhepunkt erreichte die Propaganda im Dezember 1949 anlässlich Stalins 70. Geburtstag auch in Zeitz. Eine „Stalin-Schau" im „Haus der Gesellschaft der Deutsch-Sowjetischen Freundschaft" wurde am 15. Dezember eröffnet. Außerdem fanden zahlreiche „Stalin-Feiern" in den Betrieben und einzelnen Stadtbezirken am 20. Dezember statt.

Höhepunkt war am selben Tag die Feierstunde im Stadtverordneten-Sitzungssaal des Rathauses, an der „fast hundertprozentig alle Belegschaftsmitglieder" teilnahmen. Neben gehaltenen Reden auf Stalin sang und rezitierte die Betriebs-Jugendgruppe.

Die Plakatierung politischer Botschaften nahm mitunter bizarre Züge an. Politische Losungen bestimmten den öffentlichen Raum fast überall, denn Agitation und Propaganda gehörten von Anfang an fest zur parteipolitischen Strategie der SED.

DSF 1953

Trotz des Mangels an Papier in der Nachkriegszeit konnte der Rat der Stadt Zeitz, insbesondere die Abteilung Information, über mangelnde Plakatlieferungen nicht klagen. Im Gegenteil, kritisch bemerkt wurde im Dezember 1949, dass mittlerweile eine „Überfütterung durch Plakatierung" eingetreten sei. Die „obersten Behörden" meinten es scheinbar sehr gut mit Zeitz.

Überflutung der Innenstadt mit Wahlwerbung 1950

ZEITZ IM ZEICHEN VON STALINS GEBURTSTAGS

„In den Hauptstraßen der Stadt Zeitz leuchten Transparente mit verschiedenen Anschriften und Hinweisen auf Stalin, als Kämpfer für Frieden und Einheit Deutschlands. In der Leninstraße, auf dem Friedensplatz, sind die Fahnenmasten beflaggt. Ebenfalls tragen alle öffentlichen Gebäude reichen Fahnenschmuck und Transparente mit Stalin-Bildern. Mehrere Gebäude sind des Abends mit Scheinwerfern beleuchtet; der Lichtstrahl ist auf das Portrait Stalins gerichtet. Es darf wohl behauptet werden, dass in dieser Beziehung diesmal die einzelnen öffentlichen Gebäude, sowie Partei und Gewerkschaft, in einen Wettbewerb der besten Beschmückung getreten sind …"
Aus einem zeitgenössischen Bericht der Stadtverwaltung Zeitz vom 22. Dezember 1949

AUF KRITIK FOLGTE MITUNTER SIBIRIEN

Eine ehemalige Zeitzerin, die als junge Frau im Alter von 20 Jahren den Stalinkult erlebte und damals bei der Stadtverwaltung angestellt war, berichtet:

„Wer sich kritisch oder negativ über Stalin äußerte, konnte schneller als gedacht damit rechnen, in Konflikt mit dem 1950 gegründeten Ministerium für Staatssicherheit (MfS) zu geraten und damit zum erklärten Staatsfeind zu werden. So war es keine Seltenheit, dass Personen, die in der Öffentlichkeit ihren Unmut über den Diktator kundtaten, hinter Gittern oder sogar in Sibirien verschwanden. In Zeitz erging es so einem Anonymus, der mit einer ironischen Bemerkung auf das schief hängende Stalin-Bild im HO Café „Harmonie" in der Wendischen Straße aufmerksam machte, wo täglich eigentlich beschwingt Konzertmusik und Tanz stattfanden. Wer ihn denunziert hat, wusste keiner."

ORGANISIERTE TRAUER NACH STALINS TOD

„Genossen, ich bitte um Ruhe, um Ruhe. Genossen, der Genosse Josef Wissarionowitsch Stalin, so wird eben gemeldet, der geliebte Führer des Weltproletariats und aller friedliebenden Völker, der Vater des Fortschritts und der Freiheit, unser Genosse Stalin ist in Moskau gestorben."
So oder so ähnlich wie Erich Loest im Roman „Sommergewitter" Stalins Tod verkünden lässt, erfuhren es viele in der DDR, sei es im Büro oder der Werkshalle, mitunter sogar über den Stadtfunk, den es in Zeitz seit einigen Jahren gab. Die Nachricht von Stalins Tod am 5. März 1953 steigerte den von der Staatsmacht organisierten Kult in der DDR einmal mehr in eine bis dahin noch nicht gekannte Form. Theater, Tanz- und Vergnügungsstätten blieben während der Trauerfeierlichkeiten nicht nur in Zeitz geschlossen. Am Tag von Stalins Beisetzung am 9. März ertönten um 10 Uhr die Sirenen der Zeitzer Großbetriebe. Kurzzeitig kam sogar der Verkehr zum Erliegen. Mittags marschierten an diesem kalten Märztag mehrere tausend Menschen, darunter delegierte Arbeiter, Angestellte, Genossenschaftsbauern, Lehrer, Schüler und allen voran die Mitglieder der Kreisleitung der SED durch die Stadt, um sich zu einer Trauerkundgebung auf dem Friedensplatz zusammenzufinden, wo Stalins Bildnis mit Blumen und roten Fahnen geschmückt aufgestellt worden war. Nicht selten befanden sich darunter Menschen, denen die verordnete Trauer Tränen in ihre verblendeten Augen trieb.

Stalin-Trauerfeier auf dem Friedensplatz

Ein für Zeitz bereits im Mai 1953 geplantes Stalin-Denkmal wurde nicht aufgestellt, obwohl von einer „Tauwetter-Periode" noch längst keine Rede sein konnte. Die Titelseite der ersten Ausgabe der neuen Kulturzeitschrift „Zeitzer Heimat" vom April 1954 zeigt eine um den Maibaum tanzende Jugend auf dem Friedensplatz mit Rathausturm im Hintergrund, von dem Stalin als Gemälde auf das fröhliche Treiben herabblickt. Erst danach ebbte der Personenkult allmählich ab.

HEIMATFEST 1955 IN DER „STADT DER ARBEIT"

„... NICHT OHNE STOLZ ..."

In Zeitz, der „Stadt der Arbeit", so jenes bekannte Motto, das seit Anfang der 1950er-Jahre im Zeichen des Wiederaufbaus der Zeitzer Wirtschaft stand, fand das erste Heimatfest nach dem Krieg 1955 statt. Ein besonderes Ereignis. Immerhin waren zehn Jahre seit dem Ende des Zweiten Weltkrieges vergangen. Für die Verantwortlichen bei Stadt- und Kreisverwaltung, allen voran Bürgermeister Carl Gärtig, Grund genug, Bilanz zu ziehen und die kleinen wie größeren Erfolge in Industrie und Landwirtschaft gemeinsam mit dem Volk zu dokumentieren. Jahrestage waren sowieso immer wieder ein Anlass, die Massen zu mobilisieren und sie auf die Politik von Partei und Staatsführung einzuschwören. Außerdem waren die Menschen froh, in Frieden zu leben und nicht ohne Stolz blickte man zurück auf das Erreichte.

Festumzug während des Heimatfestes 1955

Gefeiert wurde in der Stadt immer gern. Dazu gehörte in der Vergangenheit das traditionsreiche Vogelschießen oder Schützenfest. „Heimatfeste", die als solche beim Namen genannt begangen wurden, gab es dagegen nur in großen zeitlichen Abständen. Kein Wunder also, dass die Feste von 1899, 1933 und 1955 in besonderer Erinnerung blieben. Letzteres dauerte vom 17. bis 25. September und ein Blick auf den Veranstaltungsplan überrascht wegen der vielfältigen kulturellen Angebote.

Politik stand nicht im Vordergrund und die Kirche als Kulturträger wurde wie selbstverständlich mit in die Festivitäten einbezogen. Kirchenführungen fanden statt sowie eine Dichterlesung des aus Haynsburg bei Zeitz stammenden Pfarrers Alfred Otto Schwede (1915–1987). Alle Winkel der Altstadt zeigten sich im ausgeschmückten Gewand voller Lokalkolorit.

Festumzug in Gleinaer Straße

Übrigens war das Heimatfest vom September 1955 mit seinem aufwendigen Festumzug durch Unter- und Oberstadt nur das Vorspiel für die 1000-Jahr-Feier zwölf Jahre später.

SCHLOSS MORITZBURG

IGELIT-SCHUHE UND MITTELPUNKT DER KULTUR

Die Moritzburg, barockes Herzstück der einstigen Residenz der Herzöge von Sachsen-Zeitz, erlebte nach 1945 eine wechselhafte Geschichte. Für viele Vertriebene wurde sie erste Heimat in einer bis dahin unbekannten Region des zerschlagenen Deutschen Reiches. Ab 1947 wurden in der Moritzburg sogar Igelit-Schuhe produziert. Ab 1954 war große Wäsche in den ehrwürdigen Mauern angesagt. Ein Wäscherei-Betrieb entstand, in dem 1961 43 Beschäftigte arbeiteten. Im Torhaus hatte seit den 1950er-Jahren über viele Jahre der VEB „Haus- und Grundbesitz", der spätere VEB Gebäudewirtschaft, mit Heinz Meyer als Betriebsleiter seine Büros. Bis zur Wendezeit war in dem als „Kaffeemühle" bezeichneten Gebäude, wo sich heute die Stiftsbibliothek und das Kunst- und Museumspädagogische Zentrum „Johannes Lebek" befinden, sogar das „Wehrkreiskommando" ansässig. Zur Wendezeit waren große Teile der Schlossfassade verwittert und viele Gebäudeteile schadhaft. Eine grundlegende Sanierung tat mehr als Not!

Festplatz an der Moritzburg 1983

ERHALT UND VERFALL

Um Mittel für den Erhalt auch solch prägender Kulturgüter wie die Moritzburg musste ständig gerungen werden. Aufwendige Rekonstruktionsarbeiten wie die unter kunstsachverständiger Anleitung der Denkmalpflege ausgeführte Wiederherrichtung des gotischen Gewölbes im Westteil des Domes 1961 gehören dazu, blieben aber eher die Seltenheit. Während der Arbeiten wurden Freskomalereien in den Zwickeln der drei großen Bogengewölbe freigelegt.

Leider unterblieben in den folgenden Jahren kontinuierliche Erhaltungsmaßnahmen am Dom St. Peter und Paul, sodass es in der Nacht zum 11. Juni 1982 zum

Dom St. Peter und Paul im März 1990

Einsturz eines tragenden Pfeilers mit einem größeren Abschnitt des Deckengewölbes kam.
Glücklicherweise kam dabei niemand zu Schaden. Der Dom als bedeutender städtischer Sakralbau wurde aber sofort für viele Jahre gesperrt. Nach dem Niedergang von St. Nikolai war damit das nächste Zeitzer Gotteshaus nicht mehr nutzbar. Immer mehr nahm der Verfall der Altbausubstanz zu. Neubauten wuchsen wie Pilze in die Landschaft, historische Gebäude im Brühl oder in der Rothe- und Scharrenstraße verschwanden unwiederbringlich.

HEIMATMUSEUM WIRD ZUR STÄDTISCHEN KULTUREINRICHTUNG

Das städtische Museum im Schloss Moritzburg, das 1947 die Bestände des enteigneten „Geschichts- und Altertumsvereins für Zeitz und Umgegend" übernahm, entwickelte sich ständig weiter. Unter dem ersten hauptamtlich angestellten Museumsleiter Hans Günther (1906–1976) werden bereits ab 1950 zahlreiche, auch überregional Beachtung findende Ausstellungen präsentiert.

Künstlerkollektiv bei Arbeitsbesprechung im Museum in den frühen 1950er-Jahren unter Museumsleiter Hans Günther

Fronleichnam 1965

Mitte der 1960er-Jahre war das Museum längst eines der größten in der DDR. Erleichtert wurde die Museumsarbeit durch den allmählichen Auszug verschiedener Kleinbetriebe aus dem Nordflügel. Auch der Abbruch des Küchentrakts im Schlosshof 1964 verbesserte die Situation.

BABY-KUTSCHEN UND FAHRBARE WEIDENKÖRBE

Derjenige, der wissen möchte, in welchem ersten Gefährt seine Vorfahren durch die Lande geschoben wurden, muss im Schloss Moritzburg das dortige „Deutsche Kinderwagenmuseum“ besuchen. Seit 1984 hat die Geschichte der Kinderwagen dort ihren festen Platz. Nach jahrelanger Erarbeitung in Kooperation mit dem VEB ZEKIWA konnte diese in Deutschland einmalige Ausstellung zur Entwicklungsgeschichte der Kinderwagen erstmalig der Öffentlichkeit gezeigt werden.

Messemodell eines echten „ZEKIWA“

Das Deutsche Kinderwagen-Museum. Wie begann das noch einmal im Jahr 1978:

„In einer Art Abstellkammer im großen Gebäudekomplex des Kombinats Kinderfahrzeuge ZEKIWA in Zeitz lernten wir sie kennen: drei ältere Herren – sie mögen diese Formulierung gelassen akzeptieren, denn immerhin bringen sie es zusammen auf über 205 Jahre , umgeben von Baby-Kutschen von Anno dazumal. Die mehrfachen Väter, Groß- und Urgroßväter, Hände verarbeitet, Scheitel gelichtet, hantieren ebenso geschickt wie behutsam mit den großrädrigen Ungetümen, betasten Stoff und brüchiges Leder, prüfen Metall- und Holzfederungen, notieren Mängel, murmeln etwas von Sturmstangen, Rundeisenschiebern und lila Volant, und in ihren Augen glänzt jugendliches Feuer …“

Die Männer, über die „Das Magazin“ im Juni 1978 berichtete, waren Fritz Steiniger, Walter Heerklotz und Wolfgang Hein. Mit viel Mühe haben sie die mitunter uralten Kinderwagen aufbereitet und wieder zu Schmuckstücken gemacht. Weiterhin waren damals zwei Maschinenarbeiter und ein Ingenieur am Aufbau dieser kulturgeschichtlichen Ausstellung beteiligt. Das „Deutsche Kinderwagenmuseum“ im Schloss Moritzburg besitzt eine stattliche Sammlung von Kinder- und Puppenwagen. Die ältesten Modelle stammen aus dem 18. Jahrhundert und waren sogenannte „Ziehwagen“.

RADIKALE VERÄNDERUNGEN

ENTEIGNUNG IN VOLKSEIGENTUM

Die Schwergewichte der Zeitzer Industrie waren bis in die 1950er-Jahre allesamt in Volkseigentum überführt. Länger dauerte die Enteignung kleinerer oder mittelständischer Unternehmen. Dieser Weg führte zumeist über den jahrelangen Status „mit staatlicher Beteiligung“. 1972 war dann auch damit Schluss. Die SED verstaatlichte fast alles, was noch privaten Charakter trug.

Schokolade wurde noch lange mit der Hand gefertigt bei ZETTI

DENHARDT MUSS LEISSLING WEICHEN

Namen von Straßen, Plätzen, Parkanlagen und öffentlichen Gebäuden, sofern sie nicht nach Pflanzen, Tieren oder historischen, allgemein anerkannten Personen benannt wurden, spiegelten insbesondere im 20. Jahrhundert immer den Geist der jeweiligen Ideologie. Verschwinden musste, wer nichts mehr galt oder aus verschiedenen Gründen in Ungnade gefallen war, und neue Namen oder Helden verkündeten die Schilder. Die Gewohnheit der Menschen brachte es jedoch mit sich, dass noch lange Zeit vom Alt- und Roßmarkt gesprochen wurde, auch als sie längst offiziell umgetauft worden waren. Die „Umbenennerei" empfanden viele als nervig. Ob aus Gewohnheit oder Trotz – so manche historische Bezeichnung konnte aus den Köpfen der Menschen nicht vertrieben werden.

STRASSENUMBENENNUNGEN IN ZEITZ (AUSWAHL)

Gleich nach Ende des Zweiten Weltkrieges begann man per **18. Mai 1945** erste Umbenennungen vorzunehmen, die aus damaliger Sicht als besonders dringlich erschienen:

Adolf-Hitler-Platz wieder in Altmarkt
Hermann-Göring-Platz in Anna-Magdalena-Bach-Platz
Gustloff-Straße in Judenstraße
Horst-Wessel-Platz in Friedensplatz

Straße der SA in Schützenstraße
Lindenplatz in Martin-Niemöller-Platz

Kreiskrankenhaus mit Pavillon am Lindenplatz

Ab 8. September 1945 kam es zu einer Reihe weiterer Umbenennungen:

Kaiser-Wilhelm-Straße in August-Bebel-Straße
Hindenburg-Promenade in Karl-Marx-Promenade
Friedensplatz in Bruno-Löffler-Platz
Schützenstraße in Thälmannstraße
Blücher-Straße in Heinrich-Heine-Straße

Verkehr in der August-Bebel-Straße um 1965

Anfang **Februar 1946** erhalten weitere Straßen neue Bezeichnungen:

Yorckstraße wird Rudolf-Breitscheid-Straße, Sedanplatz wird Thomas-Müntzer-Platz

Aus dem Konzert- und Ballhaus „Wilhelmshöhe" ist im **April 1946** das „Haus der Jugend" der FDJ geworden.

Am **12. Oktober 1947** wird die Leipziger Straße innerhalb der Ortslage Aylsdorf in Dr.-Flörsheim-Straße umbenannt. Im Eifer des Umbenennens von 1991 kam es auch zu mancher Peinlichkeit durch die Stadtverordneten. Der Name des im Vernichtungslager Auschwitz ermordeten jüdischen Zeitzer Arztes und Widerstandskämpfers Dr. Gustav Flörsheim verschwand für über 20 Jahre aus dem öffentlichen Raum. Erst seit 2013 gibt es in Zeitz wieder eine Dr.-Flörsheim-Allee. Heftige Diskussionen waren der Benennung vorausgegangen.

1948 erhält der Bahnhofsvorplatz den Namen „Otto-Diehr-Anlage".

Der Gedenkstein für den Widerstandskämpfer Otto Diehr (1893–1947) wurde später vor die Bahnunterführung in der Donaliesstraße versetzt, wo er noch heute steht.

Zur Stadtverordnetenversammlung stellt die FDJ Anfang **Juni 1949** erneut den Antrag, die Naetherstraße in Geschwister-Scholl-Straße umzubenennen. Dem ideologisch motivierten Antrag wird schließlich stattgegeben. Damit verschwindet der Name einer der verdienstvollsten Zeitzer Unternehmerfamilien aus dem öffentlichen Raum.

Am **1. August 1949** wird der Friedenspark und frühere Obere Johannisfriedhof zum Goethepark. Anlass ist Johann Wolfgang von Goethes 200. Geburtstag. Zu diesem Zweck stiftet der Kulturbund für die Anlage eine Holztafel, die auf die Umbenennung hinweist.

1. September 1949: Das Hotel am Roßmarkt, bis 1946 „Preußischer Hof", heißt fortan „Haus der DSF".

1949 beschließt die Stadtverordnetensitzung mit 18 Stimmen der SED gegen 17 Stimmen von CDU und LDP im „Haus der DSF", dass der Altmarkt zum Friedensplatz wird. Die bürgerlichen Parteien sahen jedoch keine Notwendigkeit zu diesem Schritt. Im Jahr zuvor war die Umbenennung in „Platz der Opfer des Faschismus" mit einer entsprechenden Mehrheit Neinstimmen gescheitert.

Im selben Jahr werden weitere Straßenumbenennungen beschlossen:

Wiener Straße in Friedensstraße
Roßmarkt in Leninstraße
Donaliesstraße in Dimitroffstraße
Gartenstraße in Van-Harnack-Straße
Kleiner Wendischer Berg in Thomas-Mann-Straße
Bergstraße in Einsteinstraße
Blumenstraße in Max-Planck-Straße
Neumarkt in Wilhelm-Külz-Platz

Am **8. Mai 1953** wird der Brehmeplatz zum Platz der Deutschen Einheit.

Mahnmal-Weihe am nunmehrigen Platz der Einheit 1953

20. August 1956: Die Bezeichnung Wilhelm-Gütte-Straße, gleichzeitig Erinnerung an den einstigen Direktor der Zuckerfabrik, verschwindet. Sie wird zur verlängerten Albrechtstraße.

Am **24. September 1959** wird aus der Weinbergpromenade die Dr.-Kurt-Floericke-Promenade.

Am **22. November 1960** beschließt die Stadtverordnetenversammlung die Umbenennung der:

Marienstraße in Käthe-Niederkirchner-Straße,
Johanna-Straße in Olga-Benario-Straße,
Denhardtstraße in Richard-Leißling-Straße,

und die neu erbaute Elster-Brücke nahe der Zuckerfabrik heißt ab sofort August-Bebel-Brücke.

Anlässlich seines 1. Todestages wird die Geußnitzer Straße am **12. Oktober 1975** in Max-Benkwitz-Straße umgeweiht.

Die Neumarktstraße wird anlässlich des 100. Geburtstages von Otto Nuschke, einst Vorsitzender der CDU, am **23. Februar 1983** in Otto-Nuschke-Straße umbenannt.

Zeitz-Ost, Ende der 80er-Jahre

Nach **1990** setzt sogleich eine riesige Welle der Umbenennungen im gesamten Stadtgebiet ein. Im Zentrum wird der Friedensplatz wieder zum Altmarkt und aus der Leninstraße wieder der historische Roßmarkt. Auch die Namen populärer Kommunisten verschwinden aus dem Straßenbild. In Zeitz-Ost wird aus der Wilhelm-Pieck-Straße die Dietrich-Bonhoeffer-Straße und die gründerzeitliche Thälmannstraße heißt fortan wieder Schützenstraße. Die Robert-Schumann-Straße in Zeitz-Ost ersetzt die bisherige Otto-Grotewohl-Straße. Selbst der Name des sowjetischen Kosmonauten und ersten Menschen im Weltraum, Juri Gagarin, ist den Ent-

scheidungsträgern nicht mehr würdig genug, weshalb Gustav Mahler als neuer Straßenname im Neubaugebiet herhalten muss.
Ebenso ersetzt man den Namen des Zeitzer Arbeiterveteranen und FDGB-Funktionärs Walter Retterath durch Anna-Magdalena Bach, die in Zeitz 1701 geborene Frau des berühmten Komponisten aus der Barockzeit. Gleichzeitig wird die frühere Bezeichnung Schießgrabenstraße wieder zu neuem Leben erweckt. Dafür muss „Straße der Freundschaft" verschwinden. Aus dem Volksplatz wird wieder der traditionelle Schützenplatz.

Am **27. Februar 1991** beschlossen die Stadtverordneten beispielsweise auch folgende weitere Umbenennungen:

Dimitroff-Straße wieder in Donaliesstraße,
Dr.-Flörsheim-Straße wieder in Leipziger Straße,
Straße der Befreiung wieder in Geraer Straße,
Max-Benkwitz-Straße wieder in Geußnitzer Straße
und der Friedrich-Engels-Platz heißt fortan Forstplatz.

„WER, WAS, WANN UND WO?"

SUBBOTNIK: MACHT SCHÖNER EURE STADT!

Erschienen diese vier Fragewörter als Schlagzeile in der „Freiheit", dann wusste jedermann, dass der nächste Subbotnik kurz bevorstand. Übersetzt man den Begriff ins Deutsche, so wird „Sonnabend" daraus, nämlich jener Tag, an dem der freiwillige Arbeitseinsatz zum Wohl der Gesellschaft durchgeführt wurde.
Für jeden Wahlkreis und Wohnbezirk im Stadtgebiet legten die Verantwortlichen vor Ort genau fest, was zum Frühjahrsputz aufgeräumt oder verschönert werden sollte. Blinden Aktionismus gab es nicht, alles wurde genau festgelegt in einem Einsatzplan.
Mitunter war man trotz Freiwilligkeit angehalten, Einsatz zu zeigen, um Nachteilen auf Arbeit aus dem Weg zu gehen. Positiv wiederum war, dass vielen „Dreckecken" zu Leibe gerückt wurde.

NAW-Einsätze waren die frühen Subbotniks, wie hier in der Kalkstraße 1962

SUBBOTNIK IM APRIL 1974

Bereits Anfang des Monats April 1974 halfen die aus Baku stammenden Zwillinge Poschajew bei Drainagearbeiten auf dem Wilhelm-Külz-Platz und leisteten „Subbotnik für Zeitz“ mit weiteren sowjetischen Freunden.

Ein großer, ganz im Zeichen der Rekonstruktion der Zeitzer Innenstadt stehender Subbotnik, fand am 20. und 21. April 1974 statt. Zehntausende Bürger waren in der ganzen Stadt verteilt im Einsatz. Vorausgegangen war ein Aufruf der SED-Kreisleitung, des Kreisvorstandes des FDGB, des Rates des Kreises und des Kreisausschusses der Nationalen Front an alle Bürger der Stadt mit entsprechender Schwerpunktsetzung über die Einsatzgebiete.

Die „Freiheit“ schrieb am 23. April darüber:

„... So etwas hat es noch nicht gegeben: Hunderte im Stadtzentrum, Komsomolzen, FDJler, Bauarbeiter, die den nächsten Abschnitt des Boulevards vorbereiteten. Ganze Scharen von „Mitte“-Malern an den Fassaden, dazu Hoch-, Tief- und Straßenbauer, dazwischen Rentner und Pioniere, Verkäuferinnen, die ihre Geschäfte von außen ‚fit‘ machen, Schüler, die entrümpeln helfen. Kampfgruppeneinheiten schippten den Kabelgraben für das Hochhaus, kilometerlang, Freunde des Wohnbezirkes 5 und die Platex- und SBZ-Kollektive ließen neue Spiel- und Sportmöglichkeiten entstehen, an den Leitgeländern Rot-Weiß pinselnde Männer, nicht weit davon Brückengeländer streichende Frauen, dazwischen Blasmusik und Singegruppen. Am Krankenhaus standen Ärzte und Schwestern auf dem Bau ihrer Rekonstruktion, bei Zetti die Belegschaft an ihrem Sozialgebäude, daneben die Fahrer des Kraftverkehrs. Hydrierwerker halfen an der neuen Kindereinrichtung in der Geschwister-Scholl-Straße, andere packten im Sommerbad zu, und, und. Wohin man kam: Es kribbelte wie in einem Ameisenhaufen ...“

PIANO-MECHANIKER SORGEN FÜR WERTSCHAFFUNG

Auch die hiesigen Betriebe waren gefragt, wenn es wieder einmal hieß, gesellschaftsnützlich zu wirken. Beim Subbotnik Mitte April 1974 arbeiteten 140 Piano-Mechaniker im Goethepark und im Kindergarten am Volksplatz. Für das Feierabendheim in der Pestalozzistraße wurden sogar Klubtische gefertigt.

Als man noch nicht vom Subbotnik sprach, gab es regelmäßig bis in die 1960er-Jahre hinein „NAW-Einsätze“ in den einzelnen Wohnbezirken. Das Gute daran war, dass man für die ge-

Im Rahmen des NAW entstand viel Neues

leisteten Aufbaustunden Marken erhielt, die in einer Einsatzkarte aufgeklebt wurden. Viel Fleiß wurde bisweilen sogar mit der Zuweisung in eine Neubauwohnung belohnt.

VOM ABC BIS ZUM ABITUR

„POLYTECHNISCHE" UND DIE „ERWEITERTE" OBERSCHULE

Erziehung und Bildung sollte bald nach der Gründung der DDR sozialistisch, aber auch nach einheitlichen Programmen, Maßstäben und Methoden erfolgen, buchstäblich vom Erlernen der Buchstaben bis zur Reifeprüfung. So entstanden 1959 die „Polytechnische" und die „Erweiterte" Oberschule. Alle Schüler sollten bis Klasse 10 gemeinsam lernen, für die Vorbereitung auf das Abitur blieben dann immer noch zwei Jahre.

Zeitz wuchs unentwegt, sodass neben den vielen Neubauwohnungen auch etliche Schulgebäude errichtet wurden. Patenschaften mit den vielen Industriebetrieben lagen nicht nur zum Greifen nahe, sie waren auch im Bildungsprogramm vorgegeben. Jede Klasse hatte ihre eigene Patenbrigade, die hin und wieder in die Schule kam und Geschenke überreichte.

Erster Schultag für die Abc-Schützen in der neuen Lenin-Oberschule 1969

Astronomie-Unterricht mit Lehrer Rusche auf dem Hochhaus 1980

EIN BLICK IN DIE ZEITZER BILDUNGSLANDSCHAFT 1989

Es gab 12 Polytechnische Oberschulen (1. bis 10. Klasse):

1. POS Zeitz-Bergsiedlung
2. POS „Hans Beimler“, Altenburger Straße
3. POS „Paul Wegmann“, Thomas-Müntzer-Platz
4. POS „Völkerfreundschaft“

Zeugnisausgabe in der Schule „Völkerfreundschaft“ am 3. Juli 1984

6. POS Zeitz-Rasberg, Karl-Marx-Straße
7. POS „Dr. Flörsheim“, Hauptstraße
8. POS „Dimitroff-OS“

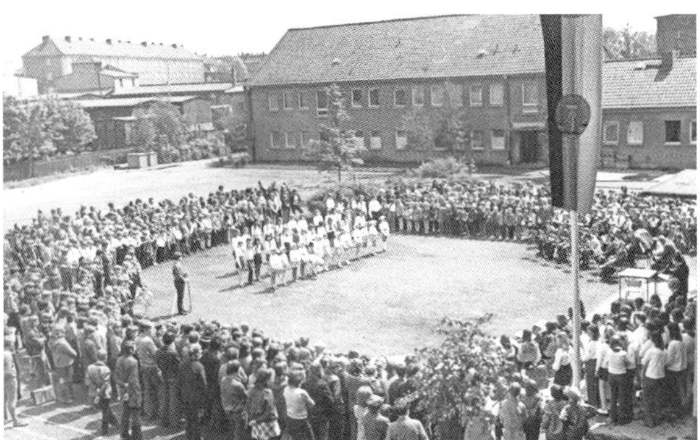

Festappell, anlässlich des 10-jährigen Bestehens der Dimitroff-Oberschule in der Unterstadt

9. POS „Wilhelm Pieck“, Platanenweg
10. POS „Diesterweg-OS“ Zeitz, Pestalozzistraße
11. POS „Lenin-Oberschule“, Zeitz-Ost, Käthe-Niederkirchner-Straße

Einweihung Lenin-Denkmal an der gleichnamigen Oberschule

12. POS „Sigmund-Jähn-OS“, Zeitz-Ost
13. POS Oberschule Fliegerkosmonaut „Waleri Bykowski“, Beethovenstraße

sowie:
Erweiterte Oberschule (EOS) „Geschwister Scholl“ Zeitz in der Humboldtstraße
Pestalozzi-Sonderschule, Steinsgraben, vorher 5. POS

Kaufmännische und gewerbliche Berufsschule Zeitz, Nikolaiplatz
Musikschule in der Agricolastraße
Volkshochschule in der Thälmannstraße

LENIN-OBERSCHULE ENTSTEHT

Der erste Schulneubau im Stadtteil Zeitz-Ost wurde als 11. Oberschule am 1. September 1969 geweiht. Ringsherum wurden noch eifrig die Wohnblöcke in der Käthe-Niederkirchner-Straße erbaut. Von Anfang an zierte ein Wandbild des Zeitzer Künstlers Joachim Hering die Aula. Entstanden war es in seiner Werkstatt in der Naumburger Straße. Thema des Bildes ist die Eroberung des Weltalls durch die Wissenschaft. In den Mittelpunkt stellte Hering allerdings wirkungsmächtig den Schutz des Lebens.

Auf Beschluss der SED musste 1985 die Fassade der Schule durch eine monströse Buchstaben-Installation in die Ferne leuchten. Paten des VEB Rohrleitungsmontagen fertigten diese Konstruktion. 1990 wurde das Entfernen der sehr fest montierten Buchstaben zur Tortur.

Einweihung Lenin-Oberschule 1969

Monströser Namenszug

FOTO-ARBEITSGEMEINSCHAFT DER DIMITROFF-OBERSCHULE

Viele Schülerinnen und Schüler der Klassen drei bis zehn erlernten an dieser Schule mit der Zeit das anspruchsvolle Fotografieren, denn neben dem reinen „Knipsen“ spielten Bildbetrachtung und theoretische Kenntnisse eine wichtige Rolle. Auch Fotoexkursionen wurden durchgeführt.

Beim zentralen Leistungsvergleich der Kinder- und Jugendfotogruppen in der DDR in den Jahren 1975 und 1977 platzierte sich die Dimitroff-Oberschule immerhin unter den zehn besten Fotozirkeln.

Fotozirkel der Dimitroff-Oberschule bei der Arbeit

RELIGION IN DER INDUSTRIESTADT

KIRCHE IM SOZIALISMUS

Das religiöse Leben war in den Jahren des Bestehens der DDR auch in einer Arbeiterstadt wie Zeitz von Vielfalt geprägt, gleichzeitig aber trotz des Arrangements von Kirche und Staat angespannt aufgrund der atheistischen Staatsideologie unter der Lehre des Marxismus-Leninismus. Kirchentage, Prozessionen oder Partnerschaften mit westlichen Gemeinden wurden gepflegt. Sehr unterschiedlich waren indes die individuellen Erfahrungen der Bürger mit Kirche und Staatsmacht. In der Wendezeit gingen auch von der Kirche in Zeitz wesentliche Impulse zur Veränderung der Gesellschaft aus.

1972 – gemeinsamer Gottesdienst

Michaeliskirche (Pfarrer Otto Pappe)

Kapelle auf dem Michaelisfriedhof

Nikolaikirche (kein regelmäßiger Gottesdienst)

Stephanskirche (Pfarrer Bernd-Robert Hasse)

Evangelisch-methodistische Kirche
Steinsgraben 37

Evangelisch-Freikirchliche Gemeinde
Tiergartenstraße 1

Neuapostolische Kirche
Rudolf-Breitscheid-Straße 3

Katholische Kirche
Pfarrkirche am Brückenweg
Dom St. Peter und Paul

Blättert man in den regionalen Tageszeitungen „Freiheit" und „Der Neue Weg", schien „Kirche im Sozialismus" wenigstens nach außen hin gut zu funktionieren. Wie man die Situation innerhalb der evangelischen Kirche in Zeitz sah und bewertete, schildert der Pfarrer von St. Michael, Otto Pappe, eindringlich in einem Brief an die Partnergemeinde in Hofgeismar vom 17. Januar 1972:

„Für uns Christen gibt es in der sozialistischen Gesellschaft keine Perspektive, auch wenn es in der Zeitung anders steht. Unsere Kinder werden keine Möglichkeit haben, einmal eine Schulausbildung zu bekommen, bei der sie eine höhere Stellung in der Gesellschaft in Aussicht haben. Das alles wird den sozialistischen Kindern vorbehalten."

Partnerschaftliche Beziehungen zwischen beiden Gemeinden bestanden seit 1950.

PFARRER PAPPE – THEOLOGE UND BUCHAUTOR

Otto Pappe (11. Juni 1931 bis 22. August 1993) war ein engagierter Pfarrer, der auch Einfluss auf die ländlichen Kirchengemeinden nahm. In seine Amtszeit (1962–1976) fallen aufwendige Rekonstruktionsmaßnahmen der Michaeliskirche, denn Witterungseinflüsse hatten dem Sakralbau über die Jahre stark zugesetzt. Zur 1000-Jahr-Feier erschien Pappes Buch „1000 Jahre Stadt und Kirche Zeitz“ als Pendant zu den Veröffentlichungen über die „Stadt im sozialistischen Aufbau“.

KATHOLISCHE GEMEINDE ERLEBT GROSSEN ZUWACHS

Flüchtlinge aus dem Rheinland, die ihre Wohnungen durch angloamerikanische Bombenangriffe verloren hatten, und Heimatvertriebene aus den Ostgebieten fanden in Zeitz eine neue Heimat. Darunter waren zahlreiche Katholiken. Bereits 1945 war die katholische Kirche am Brückenweg zu klein. Dank des Engagements von CDU-Stadtrat Clemens Wittelsbach (1897–1972) konnte die Schlosskirche Moritzburg von der Stadt für die große Zahl der Gottesdienstbesucher bereits 1946 in Pacht übernommen werden.

Pfarrer Clemens Wittelsbach prägte mehr als 30 Jahre die katholische Gemeinde

Bereits kurz nach dem Zusammenbruch fand 1945 auf Initiative von Clemens Wittelsbach, Pfarrer der katholischen Gemeinde, die Fronleichnamsprozession statt. Der Weg der 3000 Gläubigen führte durch die Unterstadt. Die erste große Kundgebung in der Stadt war sozusagen eine christliche. Über 1000 Menschen säumten die Straßen. Gepredigt wurde in deutscher, italienischer und polnischer Sprache. Auch in den folgenden Jahrzehnten bildete Fronleichnam einen Höhepunkt im christlichen Jahr und die Gläubigen sammelten sich in Scharen auf dem Gelände von Dom und Schloss Moritzburg.

Die Solidarität und Zusammenarbeit von Protestanten und Katholiken in Zeitz bewies sich während der deutschen Teilung immer wieder aufs Neue in entscheidenden Situationen. So stand die Kapelle des Michaelisfriedhofes seit 1971 auch für Katholiken offen.

Fronleichnamsprozession durch die Badstubenvorstadt 1945

Nachdem gegen Pfarrer Oskar Brüsewitz aus Rippicha durch die Volkspolizei eine Ordnungsstrafe über 215,70 Mark verhängt worden war, weil er für einen auf dem Kirchengrundstück seiner Gemeinde stattgefundenen ökumenischen Kindertag nicht die Erlaubnis eingeholt hatte, beteiligte sich die katholische Gemeinde an einer Sonderkollekte für die Rückerstattung der gepfändeten Lohnsumme und für zukünftige Kinder- und Jugendarbeit.

CHRISTMETTE IN DER MICHAELISKIRCHE

Nach dem verheerenden Pfeilereinsturz im Dom St. Peter und Paul in der Nacht vom 10. auf den 11. Juni 1982, unmittelbar vor Fronleichnam, konnte für die Katholiken die Christmette 1982 in St. Michael stattfinden. Überhaupt durften nach Absprache mit der evangelischen Gemeinde St. Michael die großen Festtage fortan dort gefeiert werden. Erst 1993 fand wieder ein Gottesdienst im Dom statt.

SYMBOL IRDISCHER VERGÄNGLICHKEIT

DIE KIRCHE ST. NIKOLAI

Die Nikolaikirche war das am 18. Dezember 1891 geweihte neugotische Gotteshaus der Kirchengemeinde St. Nikolai an der Geschwister-Scholl-Straße. Architekt dieser Unterstadt-Kirche in Backsteingotik war der Naumburger Karl Memminger. Ihr Niedergang und Verfall steht für die gesellschaftlichen Veränderungen im 20. Jahrhundert. Dabei war die Nikolaigemeinde eine der ältesten der Stadt. Bereits 1147 wird urkundlich eine St. Nikolai-Kirche auf dem Nikolaiplatz erwähnt. Dieser Vorgängerbau musste 1821 wegen Baufälligkeit geschlossen werden, woraufhin er im Folgejahr durch Maurermeister Topschall dem zunächst ersatzlosen Abriss anheimfiel.
In den folgenden 70 Jahren nutzte die Nikolaigemeinde, welche sich mit der Schlossgemeinde zur Trinitatisgemeinde zusammengeschlossen hatte, die Schlosskirche der Moritzburg, ehe der auf Domänengelände entstandene Neubau bezogen werden konnte. Wertvollster Ausstattungsgegenstand war das im Kirchenschiff angebrachte Cranach-Gemälde „Christus als Richter". Während eines Bombenangriffs 1944 wurde St. Nikolai beschädigt. Trotzdem fanden nach dem Krieg weiterhin regelmäßig Gottesdienste, Konfirmationen und Trauungen statt. Sogar die beschädigte mittlere Glocke wurde 1957 durch eine neue ersetzt. Wer in der Unterstadt der Nachkriegszeit lebte und die Nikolaikirche besuchte, erinnert sich an die dort tätigen Pfarrer Hergt, Bahr oder Mauer.

LANGSAMES STERBEN

Mitte der 1960er-Jahre hätte noch keiner absehen wollen, dass das nahe Aus für diesen prägnanten Kirchenbau bevorstand. Otto Pappe (1931–1993), zwischen 1962 und 1976 Pfarrer von St. Michael in Zeitz, bemühte sich während seiner Amtszeit auch um den Erhalt von St. Nikolai. In einem Querschiff der Kirche richtete er einen beheizbaren Raum ein, die „Winterkirche“. In ihm wurden Gottesdienste für die verkleinerte Gemeinde abgehalten. 1964 erhielt das Kirchenhaus sogar noch ein modernes Lesepult, geschaffen von dem Erfurter Kunsthandwerker Helmut Senf. Anlässlich des 75. Kirchweihfestes 1966 wurde der neugestaltete Altar durch Superintendent Schüttlöffel geweiht.

KIRCHE ST. NIKOLAI 1967

Gewiss, die Zahl der Gemeindemitglieder war wie überall in der DDR rückläufig, aber ein anderes Problem drängte sich in den Vordergrund. Bei den Reparaturarbeiten nach dem Zweiten Weltkrieg stellte man fest, was die Erbauer im Sinne eines stabilen Baugrundes seinerzeit hätten wohl beachten müssen. Die Nikolaikirche steht auf wackligem Grund, weil man sie, unweit des Elsterufers gelegen, fatalerweise auf Schwemmsand errichtet hatte. War die Drainage des Bodens aber wirklich mangelhaft?

KEINEN SEGEN MEHR!

1980 wurde die Kirche schließlich wegen zunehmender Baufälligkeit geschlossen und sollte, nachdem 1987 das Grundstück samt Kirche an die Stadt durch Eigentumsverzichtserklärung übertragen worden war, sogar gesprengt werden. Immense Kosten hätte eine Sanierung von Grund auf verursacht, die von der Kirchengemeinde, die seit dem 1. Januar 1983 mit St. Stephan vereint ist, nie und nimmer hätte bewältigt werden können. Die drei Glocken von St. Nikolai erklangen übrigens ab Herbst 1986 vorübergehend in der 1984 bei einem Brand schwer beschädigten St. Laurentiuskirche in Halle (Saale), bis man für diese wieder eigene fertigen ließ.

Als Ruine prägt St. Nikolai vis à vis des einstigen ZEKIWA-Hauptgebäudes noch heute die Unterstadt. Ideen zur Rekonstruktion gab es, sogar einen vermeintlichen Investor, aber: Träume sind bekanntlich meist nur Schäume und Investoren oftmals nicht das, was ihr Name verspricht. Nach einem Blitzeinschlag Anfang Juni 1998, bei dem die Turmspitze brannte, schwand auch die letzte Hoffnung für einen Erhalt.

KREISPOLIKLINIK – RÖNTGENABTEILUNG

FUSSBODEN KNAUTSCHTE UND QUIETSCHTE ÜBERALL

Ab 17. November 1952 führte für viele der Weg zum Röntgen von Arm, Bein oder Lunge immer wieder direkt in das alte barocke Palais Rahnestraße 7. Daran sollte sich bis zur Wende auch nichts ändern. In der dort untergebrachten Kreispoliklinik wurden die verschiedensten medizinischen Behandlungen durchgeführt und das bis ins oberste Stockwerk. Erster Chefarzt war Dr. Knöner.

Straßenseitige Ansicht der ruinösen Kreispoliklinik

Egal aber, wo man im Haus unterwegs war, der Fußboden knautschte und quietschte überall. Die Behandlung war längst überstanden und vergessen, aber in Erinnerung blieben die gefährlichen Besonderheiten des Hauses. Überhaupt ist es aus heutiger Sicht mehr als erstaunlich, dass aufgrund des maroden Bauzustands keine Totalsperrung durch die dafür verantwortliche „Staatliche Bauaufsicht" ausgesprochen wurde. Vermutlich folgte eine Sondergenehmigung auf die andere, denn ein Verzicht auf diese wichtige Einrichtung des Gesundheitswesens war undenkbar. Um die Sicherheit sorgten sich die Verantwortlichen trotzdem und gingen entsprechend „auf Nummer sicher". Im Flur gab es nämlich Bereiche, die keinesfalls betreten werden durften und dementsprechend mit Fadenband abgesperrt waren. Daran angebrachte Schilder untersagten kindliche Rumrennerei. Sogar ein Zahnarztstuhl, der für sein enormes Gewicht bekannt ist, soll einen Deckendurchbruch in dem maroden Haus verursacht haben.

GRÜNE OASEN

FREILICHTBÜHNE, THEATER UND „WELTFRIEDEN"

Gepflegte Grünanlagen den Bürgern zu bieten, galt als eine selbstverständliche Aufgabe zur Erhaltung von Lebensqualität. Nicht allein der Stadtreinigungsbetrieb und die Stadtgärtnerei sorgten für die Umsetzung. Das Nationale Aufbauwerk, kurz NAW, und der regelmäßig durchgeführte Subbotnik mit unzähligen Bürgern trugen wesentlich dazu bei. Aber trotz aller politischen Agitation, Motivation kommt nicht von ungefähr.

Im Goethepark, dem früheren Oberen Johannisfriedhof, traf man immer Kinder beim frohen Spiel, junge Ehepaare mit Kinderwagen und Rentner saßen auf sauberen Bänken. 1969 widmete die Stadt sich dort sogar dem Erhalt der alten Grabmäler. Sowohl für kulturelle als auch politische Veranstaltungen stand die Freilichtbühne des Theaters viele Jahre zur Verfügung.

Volkskunstgruppe im Goethepark 1962

Zum Verweilen nutzte die Bevölkerung auch die Grünanlage am Bruno-Löffler-Platz, den Kulturpark unweit der Moritzburg und das Gelände am Schwanenteich, wo das Füttern der Schwäne besonders die Kleinen erfreute. Romantisch märchenhaft, bisweilen auch schaurig schön war und ist die ehemalige „Karl-Marx-Promenade" geblieben mit ihren Hängebuchen, die die Allee in einen einzigartigen Tunnel der Natur verwandelt haben.

Junge und Alte zog es in den Goethepark

Idylle in der Karl-Marx-Promenade

Beliebtes Wanderziel vieler Familien war das Knittelholz mit der Gaststätte „Waldhaus" und seinem „röhrenden Hirsch". Eine Limo zur Belohnung war für die Jüngeren ein nicht zu unterschätzender Anreiz für den Ausflug dorthin.

Wohlfühlatmosphäre herrschte auch im weitläufigen Park des Klubhauses „Weltfrieden", der früheren Villa der Unternehmerfamilie Naether in der Richard-Leißling-Straße 1, das seit 1964 diesen Namen trug. Wie viele junge oder auch ältere Pärchen wohl hier hinter einem der unzähligen alten Bäume oder im Dickicht der Sträucher zum Knutschen verschwanden, lässt sich nur schwer erahnen.

Studie von Heinz Föppel im Goethepark um 1955

Kulturhaus „Weltfrieden"

ERSTER BOULEVARD IM BEZIRK

AM ANFANG STAND EINE IDEE

Walter Kitzing, Jahrgang 1928, wurde 1971 1. Sekretär der SED-Kreisleitung. Nach dem Studium an der Parteihochschule der KPdSU zwischen 1968 und 1971 in Moskau hatte er den Abschluss als Diplom-Gesellschaftswissenschaftler erworben und wurde nun in die Kreisstadt Zeitz delegiert.

Das Alte und Morsche musste weg: Abrissmaßnahme Brüderstraße 12 1974/1975

Der Blick eines Außenstehenden auf den Zustand bestimmter Dinge ist manchmal nicht der schlechteste. Viel lag ihm recht schnell daran, dem Zentrum der „sozialistischen Industriestadt" mehr Attraktivität zu verleihen. Ganz im Zeichen des bevorstehenden 25. Jahrestages der DDR sollte die Innenstadt autofreie Fußgängerzone werden und an städtebaulicher Qualität gewinnen. Bis dato schlängelten sich durch die Wendische Straße und Leninstraße als Teil der F 180 PKW-Kolonnen und Lastkraftwagen. Die Planung für das Mammut-Projekt nahm 1972/1973 das Büro für Städtebau und Architektur des Bezirkes Halle in Angriff.

GROSSBAUSTELLE IN DER INNENSTADT

Wendische Straße, Leninstraße, Judenstraße, Kramerstraße, der Michaeliskirchhof und Wilhelm-Külz-Platz verwandelten sich ab Anfang des Jahres 1974 in einen riesigen Bauplatz. Unzählige Bauleute, Hoch- und Tiefbauer, Dachdecker, Maler, Klempner, Elektriker, Rohrleger und Straßenbauer werkelten unentwegt und trugen somit zur Attraktivität des Stadtzentrums bei. Der erste Boulevard im Bezirk Halle war das Ziel.

Umgestaltung der Innenstadt zur „sozialistischen Erlebnismeile"

Die Fassaden und Dächer der alten aneinandergereihten Häuser erfuhren eine umfassende Rekonstruktion im Fließstreckenverfahren. Erneuert wurden gleichzeitig die Hausanschlüsse und Versorgungsleitungen für Wasser und Telefon sowie zahlreiche Wohnungen. Eng bebaute Hinterhöfe wurden entkernt und zu Anlieferungszonen für die zahlreichen Geschäfte. Der Umbau des Stadtzentrums ging einher mit einer Fortentwicklung der städtischen Handelsnetzkonzeption. Neue Geschäfte wie „Menü", „Heimwerker" und „Flacon" entstanden.

Der neue Boulevard wurde mit Großplatten, sogenannten Waschbetonplatten, bestückt, die sich in der Folgezeit für die Damenwelt mit Absatzschuhen allerdings als nicht immer vorteilhaft erwiesen. Im Arbeitseinsatz waren auch Soldaten der sowjetischen Garnison und NVA-Soldaten aus Weißenfels.
Ende Juni war der Wilhelm-Külz-Platz fertig und Ende September 1974 wurde feierlich der erste Bauabschnitt der rekonstruierten Innenstadt mit seinem „sozialistischen Erlebnis- und Einkaufszentrum" übergeben.

Disko vor dem „Kreml" in der Leninstraße anlässlich „25 Jahre DDR"

Drei Jahre später besuchte Bernd Wurlitzer von der Zeitschrift „Kultur im Heim" die Kreisstadt und zog Bilanz über das Geleistete:

„Wenn Leben in ein Stadtzentrum kommen soll, reicht es nicht, Pflanzschalen aufzustellen, Fassaden zu streichen und Autos zu verbannen. Die Bürger der Stadt und ihre Gäste möchten Schaufenster betrachten, vielfältige Einkaufsmöglichkeiten haben, in hübschen Cafés plaudern und in einladenden Restaurants essen. Zeitz hat ein belebtes Zentrum, weil neben dem Generalbebauungsplan und dem Verkehrsplan auch eine Handelsnetzkonzeption vorlag ..."

ALLTÄGLICHES AUS DER VERGANGENHEIT

„DIE AUS DER RITTERSTRASSE" 1982

Jene, die aus der Ritterstraße stammten, waren Anfang des 20. Jahrhunderts überwiegend die sozial Benachteiligten in der aufstrebenden Industriestadt Zeitz. Arbeiter, Tagelöhner, Handwerker mit ihrem kinderreichen Familienanhang teilten sich hinter uralten Hausmauern beengte Behausungen. „Wohnung“ war oft die falsche Bezeichnung für die dortigen Lebensverhältnisse.

Das und viele Geschichten mehr aus dem bewegten Leben der Menschen im Sturm der Zeiten hat ein Kind dieses Viertels für die Nachwelt bewahrt. 1982 erschien im Mitteldeutschen Verlag Halle (Saale) die autobiografische Erzählung „Die aus der Ritterstraße“ von der am 26. März 1907 im Haus Ritterstraße 7 geborenen Annemarie Weiland, Arbeiterveteranin und langjährige Redakteurin beim „Leuna-Echo“.

Annemarie Weiland in der sowjetischen Garnison im Juni 1982

Als gelernte Stenotypistin arbeitete die als Anna Maria Schreck Geborene in der Spätphase der Weimarer Republik für die KPD-Zeitung „Klassenkampf“ und wirkte nach Hitlers Machtergreifung 1933 bis zu dem Zeitpunkt im politischen Widerstand, als ihre Tätigkeit der Gestapo bekannt wurde. Ihre Erfahrungen im Frauenzuchthaus Jauer und Konzentrationslager Lichtenburg hat sie ebenso mit verarbeitet. Nach dem Zusammenbruch des Dritten Reichs wurde Weiland 1945 Mitglied im „Antifaschistischen Komitee des Bezirkes Zeitz“. Kritiklos und voller Zufriedenheit beschreibt sie im Buch abschließend ihr Leben in der jungen DDR und die weiteren Jahre, die ihr ungeahnte Möglichkeiten der beruflichen Entfaltung boten. Annemarie Weiland starb am 9. Dezember 1992 in Rostock.

Das uralte Haus Ritterstraße 7, das durch ihre Lebensgeschichte eine gewisse regionale Berühmtheit erlangte, verschwand als Winter-Abrissmaßnahme des VEB Kreisbaubetriebes Zeitz 1989. Mittlerweile ist dort eine Verweilzone entstanden, wo sich einst Freud und Leid ganzer Generationen begegneten.

VEB HYDRIERWERK ZEITZ

MEHR ALS NUR EIN ARBEITSPLATZ

Das Hydrierwerk Zeitz, ein Großbetrieb der chemischen Industrie, der 1937/1938 in Vorbereitung des Zweiten Weltkrieges zur Herstellung von Benzin-Treibstoff aus Braunkohle entstanden war, wirkte Zeit seines Bestehens sehr nachhaltig auf das Leben in Stadt und Landkreis.

Schwere Bombardements 1944/1945 der Amerikaner und Engländer hatten den damaligen Betrieb der Braunkohle-Benzin-Aktiengesellschaft (BRABAG) fast vollständig zerstört. Nach 1945 erfolgte der Wiederaufbau unter den schwierigen Bedingungen von Demontage und Reparationsleistungen an die UdSSR. Zwischen 1946 und 1953 gehörte das Werk als SAG-Betrieb sowieso der Sowjetunion.

Die Vorsitzende der Frauenkommission, Änne Stengel (1908–1987), im zerstörten Werk im Sommer 1945

Auszeichnung von Aktivisten im Hydrierwerk mit Prämie

Mit Beginn des Jahres 1954 befand sich das Hydrierwerk in Volkseigentum. Die chemische Industrie genoss in der DDR hohes Ansehen und war einer der wichtigsten Eckpfeiler der Wirtschaft.
Auch das Hydrierwerk war viel mehr als nur ein Arbeitgeber. Gesellschaftliche und soziale Einrichtungen gehörten zum Arbeitsalltag dazu.

Massenkundgebung im „Hyzet"

VEB Hydrierwerk Zeitz

So gab es eine Betriebssportgemeinschaft (BSG), eine gut ausgestattete Poliklinik, das 1951 eingeweihte Klubhaus „Marx Engels", eine Konsum-

und HO-Verkaufsstelle, eine Bibliothek und sogar Buchhandlung, die zur Kette der Volksbuchhandlungen gehörte, fand man auf dem Werksgelände. Schwitzen war in der betriebseigenen Sauna möglich.
Beliebt waren die Ferienplätze in Koserow an der Ostsee im „Walter-Ulbricht-Heim" oder das Kinderferienlager in Unterloquitz.

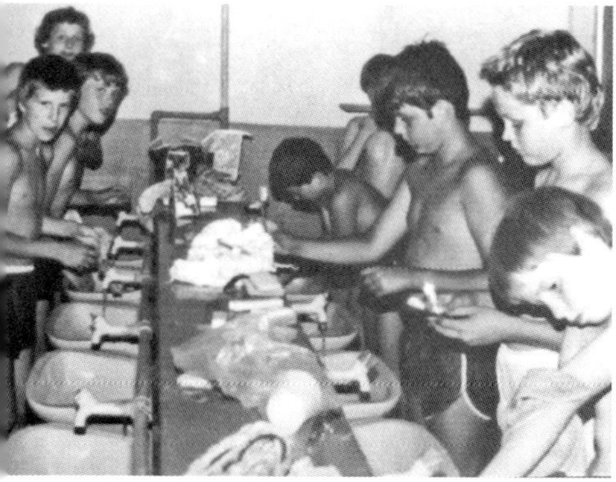

Ferienlager des Hydrierwerkes

In Tröglitz bestand seit 1953 ein Betriebskindergarten, in dem viele Kinder wochentags auch übernachteten, wenn die Eltern Nachtschicht hatten.
Alltägliches, mehr oder weniger Wichtiges aus dem Betriebsgeschehen erfuhren die Werktätigen aus ihrer 1948 ins Leben gerufenen Betriebszeitung „Einheit".

ERDÖL AUS DER SOWJETUNION

Am 5. Oktober 1974 nahm die primäre Erdölverarbeitung im VEB Hydrierwerk ihren Betrieb auf. Sowjetisches Erdöl kam über die Trasse „Freundschaft" von Schwedt über Leuna ins Hydrierwerk Zeitz geströmt. Das dort hergestellte Rohbenzin wurde über eine Pipeline ins benachbarte Böhlen im Kreis Leipzig weitergeleitet, um dort zu Plastgrundstoffen verarbeitet zu werden. Von Böhlen wurde das produzierte Äthylen dann weiter nach Zaluzi in der damaligen CSSR weitertransportiert. Dort entstanden die für die Industrie so wichtigen Plastrohstoffe aus der Kette der Olefine.
Am Standort des Hydrierwerkes, wo bisher die Braunkohleverarbeitung dominierte, entstanden in relativ kurzer Bauzeit die Raffinerie-Anlagen zur primären Erdölverarbeitung (PEV) mit Tanks, die vom Umfang her so groß wie Fußballfelder waren.
Vorausgegangen war die Entstehung des Petrolchemischen Kombinats Schwedt am 1. Januar 1970, dem der VEB Hydrierwerk Zeitz fortan unterstellt war.

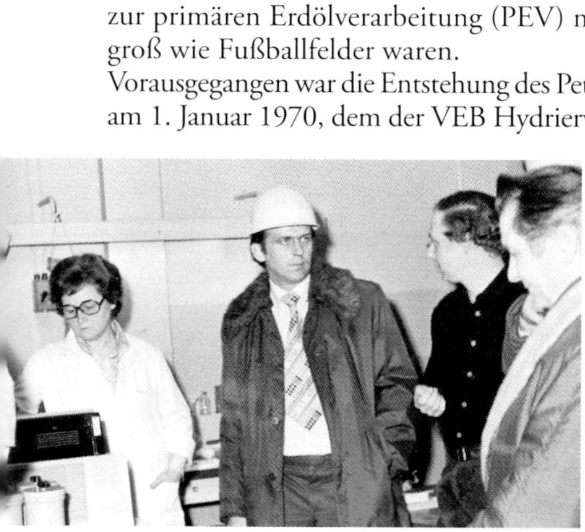

Mit über 4500 Beschäftigen im Durchschnitt war das Hydrierwerk der größte Arbeitgeber der Zeitzer Region. Weihnachten 1995 wurde das letzte Rohöl am Standort Zeitz verarbeitet. Danach begann der

Der SED-Parteisekretär des Werkes, Wolfgang Jentzsch, in der Abteilung „Forschung" 1980

vollständige Abriss der Industrieanlagen. Die meisten der dabei Beschäftigten waren Werksangehörige, die „ihren“ Betrieb nun im wahrsten Sinn des Wortes als „ABM-Maßnahme“ zerlegten.

Lichter der Industriestadt Zeitz 1980

DIE ERSTE ZEITZER ÄRZTIN

DR. MED. ELISABETH STOYE

Ihr Beruf war zugleich die Berufung aus Leidenschaft und Verpflichtung gegenüber dem menschlichen Leben bis ins hohe Lebensalter. Als sich mit Dr. med. Elisabeth Stoye im Jahr 1924 die erste Ärztin als Allgemeinmedizinerin in Zeitz niederließ, stellten sich verschiedene Schwierigkeiten und bürokratische Hindernisse in ihren Weg, denn eine kassenärztliche Zulassung erhielt sie zunächst nicht, was sie jedoch nicht davon abhielt, als Privatärztin zu praktizieren. Eine über 50-jährige Praxistätigkeit hatte ihren Anfang genommen.

HERKUNFT UND FRÜHE LEBENSGESCHICHTE

Alma Luise Elisabeth Schröder wurde am 4. Oktober 1893 im badenwürttembergischen Karlsruhe als Tochter des am hiesigen Kadettencorps unterrichtenden mathematisch-naturwissenschaftlichen Lehrers und Organisten Ludwig Schröder und seiner Frau Hedwig geboren. Von 1903 bis 1919 lebte die Familie in Bensberg bei Köln, da der Vater an die hiesige Kadettenanstalt versetzt worden war. Hier verbrachte die junge Frau ihre entscheidende Schulzeit. Nach dem Abitur studierte sie ab 1914 in der Zeit des Ersten Weltkrieges Medizin in Bonn, Marburg und München. Aufgrund dessen, dass man Ludwig Schröder Anfang 1919 an das Kadettencorps nach Naumburg (Saale) versetzt hatte, weil die Anstalt in Bensberg nach Ende des Krieges aufgelöst worden war, wechselte Elisabeth schließlich an die Augenklinik der Universität Jena, wo sie das zweite Staatsexamen und ihre Promotion zum Thema „Prüfung der Hornhautempfindlichkeit nach operativen Eingriffen" erfolgreich abschloss.

NIEDERLASSUNG IN ZEITZ

An der Universitätsklinik in Halle (Saale) war sie seit 1. Oktober 1923 als Volontärin tätig. Hier lernte sie am 16. Mai 1924 an der Kinderklinik ihren späteren Ehemann, den Kinderarzt Walter Stoye kennen. Beide verlobten sich bereits am 23. Mai 1924 und heirateten am 29. November 1924 in Naumburg (Saale). Drei Kinder erblickten zwischen 1925 und 1930 das Licht der Welt. Der älteste Sohn ergriff ebenfalls den Beruf des Mediziners und war viele Jahre als Betriebsarzt der Leuna-Werke tätig.
Dr. Walter Stoye hatte bereits 1921 seine Doktorarbeit „Über das Gramverhalten der Kotbakterien des Säuglings, mit Bemerkungen zur Theorie der Gramschen Färbung" mit Auszeichnung bestanden. Er war Facharzt für Säuglings- und Kinderkrankheiten und ließ sich im Oktober 1924 als Kinderarzt in Zeitz nieder. Seine erste Praxis waren zwei Räume in der Kalkstraße 23.
Hausbesuche bei seinen kleinen Patienten, auch in den Dörfern des Zeitzer Umlandes, waren selbstverständlich für ihn. Zunächst war er mit dem Fahrrad unterwegs, später dann mit dem eigenem PKW. Über Jahrzehnte war das 1933/1934 erbaute, noch immer als Kinderarztpraxis genutzte Haus Schulstraße 4 in Zeitz, das mit seiner zeitlosen Moderne das fortschrittliche Denken des Ärzteehepaares verdeutlicht, beider Praxis und Wohnstätte.

MITGESTALTER DES DDR-GESUNDHEITSWESENS

Am 8. April 1947 wurde in Zeitz die Ortsgruppe des „Demokratischen Frauenbundes Deutschlands" gegründet. Eine der Vorsitzenden war Dr. Elisabeth Stoye, die sich durch ihr humanmedizinisches Engagement vor allem während des Zweiten Weltkrieges die Anerkennung der Bevölkerung erworben hatte.

Frau Dr. med. Stoye

Aber auch ihr Mann Walter, über die Stadtgrenzen hinaus anerkannt, gehörte nach 1945 zu den Mitgestaltern einer neuen Gesellschaftsordnung, war er doch viele Jahre Mitglied der Kreisleitung des Kulturbundes als „Angehöriger der medizinischen Intelligenz".
Am 11. Dezember 1962, dem „Tag des Gesundheitswesens" in der ehemaligen DDR, wurden Elisabeth Stoye und ihr Mann Walter für ihr hervorragendes Wirken im Gesundheitswesen mit dem Titel „Sanitätsrat" ausgezeichnet.

ÄLTESTES ÄRZTE-EHEPAAR IM BEZIRK HALLE

Als ältestes Ärzte-Ehepaar des Bezirkes Halle wurden die Stoyes noch einmal und zwar Anfang Dezember 1973 geehrt. Walter Stoye beendete seine Praxistätigkeit zum 1. April 1976. Elisabeth Stoye praktizierte auch noch mit über 80 Jahren. Zu diesem Zweck stand ein kleines Zimmer in ihrer Wohnung zur Verfügung, wo sie vorrangig ihre älteren Patienten betreute, die dafür sehr dankbar waren.

Ehepaar Stoye

Das Haus der Stoyes blieb im Dienste des Gesundheitswesens. Nach Renovierungsarbeiten befand sich hier ab Juli 1976 die Kinder-Poliklinik. Am 19. Februar 1983 verstarb Elisabeth Stoye 89-jährig. Ein Leben im Dienste der Gesundheit vieler Zeitzer hatte sich vollendet. Ihre Ruhestätte fand sie auf dem Michaelisfriedhof, wo ein Jahr zuvor auch ihr im Alter von 88 Jahren verstorbener Mann bestattet worden war.

FREI NACH „METHODE POTEMKIN"

ERICH MIELKE IN ZEITZ

Um Wählerstimmen kämpfen musste Erich Mielke (1907–2000), Mitglied des Politbüros des ZK der SED und Minister für Staatssicherheit, in seinem Wahlkreis 36, zu dem Zeitz gehörte, nicht. Eine Niederlage musste er ebenfalls nicht fürchten, sich aber wenigstens vorher in der Stadt oder einem Betrieb sehen lassen, so in den Jahren 1970, 1976, 1981 oder 1984. Für die führenden SED-Genossen vor Ort waren diese Besuche mehr Stress als willkommene Abwechslung. Alles musste generalstabsmäßig geplant und vorbereitet werden. Obwohl Mielke sich nur allzu gern die „Erfolge des Sozialismus“ vor Augen führen ließ und den Aufbau von Zeitz-Ost begutachtete, wurde ein Problem mit den Jahren zunehmend immer schwerer für die Genossen vor Ort lösbar: Der prominente Gast durfte unter keinen Umständen mit dem zunehmenden Zerfall der Häuser, die seinen Weg zwangsläufig säumten, konfrontiert werden.

Erich Mielke bei ZEKIWA mit Betriebsleiter Werner Röder im Januar 1970

Man besann sich auf die berühmte „Methode Potemkin“ und strich beispielsweise die Fassade des alten Chausseehauses in der Tröglitzer Straße am Ausgang der Stadt in Richtung VEB Hydrierwerk Zeitz, hinter der schon lange kein Mensch mehr lebte oder arbeitete, kurzerhand immer wieder frisch an. Für die meisten Bürger der Stadt war das nicht nur ein Zeichen dafür, dass bald wieder ein „hohes Tier“ die Stadt besuchte, vielmehr wurde es zum Symbol für den himmelweiten Unterschied zwischen staatlich zelebrierter Propaganda und sozialistischer Wirklichkeit. Über 25 Jahre nach dem Ende der DDR blickt die inzwischen eingefallene Ruine des Chausseehauses weiter der Zukunft entgegen.

TAUSEND JAHRE ZEITZ 1967

EINE LEBENDIGE STADT

Unvergessen bleiben die Feierlichkeiten zur 1000-Jahr-Feier der Stadt Zeitz im Jahre 1967. Mit wie viel Aufwand die beteiligten Akteure und alle Bürger ihre Stadt zu diesem Anlass präsentierten, blieb in unzähligen Dokumenten, Fotos und Filmaufnahmen erhalten. Die Vorbereitungen begannen schon Jahre vorher. Alles wurde bis ins Detail geplant, denn den Entscheidungsträgern, insbesondere dem „Festkomitee 1000 Jahre Zeitz“ des Rates der Stadt, war die Außenwirkung sämtlicher Festivitäten bewusst. Große materielle wie finanzielle Unterstützung erhielt die Stadt durch die zahlreichen Industriebetriebe.

Vielen Zeitzern war es ein Bedürfnis, ihre schöne alte Stadt herauszuputzen und die erzielten Erfolge der regionalen Wirtschaft unter Beweis zu stellen. Alle organisatorischen Fäden liefen bei dem engagierten Stadtsekretär Hans Richter zusammen. Das Motto lautete „1000 Jahre Zeitz – Stadt im sozialistischen Aufbau“. Zeitz zeigte sich in jenen Jahren als eine lebendige Stadt mit einem quirligen Zentrum sowie viel Fleiß und Produktionsvielfalt in den Industriebetrieben.

Im Altstadtviertel „Freiheit" zur 1000 Jahr Feier 1967

STADTGESCHICHTE IN 135 FAHRENDEN BILDERN

Der Festzug zur 1000-Jahr-Feier am 25. Juni 1967 war unbestritten der Höhepunkt der Festlichkeiten. Er bestand aus 135 einzelnen Bildern bzw. Szenen der Stadtgeschichte und Gegenwart, für deren Aufstellung ein riesiger Aufwand betrieben worden war. In Zusammenarbeit mit dem Theater der Stadt waren beispielshalber unzählige Kostüme entstanden.
Der Festumzug setzte sich an dem heißen Sonntag um 14.00 Uhr an der Kreuzung „Grüne Aue" in Bewegung und führte durch folgende Straßen der Unter- und Oberstadt:
Dimitroffstraße – Wasservorstadt – Freiligrathstraße – Tröglitzer Straße – Thälmannstraße – August-Bebel-Straße – Hospitalstraße – Altenburger Straße – Kalkstraße – Friedensplatz – Judenstraße – Leninstraße – Rahnestraße – Domherrenstraße – Badstubenvorstadt – Schädestraße – Straße der Jungen Pioniere – Tribünen am Friedensplatz.

Tausende, auch unzählige auswärtige Gäste, die den Ruf der 1000-Jährigen vernommen hatten, verfolgten bei strahlendem Sonnenschein und Gluthitze den Vorbeizug der Akteure.
Gezeigt wurden nicht nur historische Themen aus der Stadtgeschichte ab dem Mittelalter. Auch „revolutionäre Traditionen" und die Industriebetriebe präsentierten sich mit dem Umzug in ihrer vielfältigen Entwicklung. Ferner gab es einen sogenannten „Block der Völkerfreundschaft", auch das

Impressionen vom Festumzug zu 1000 Jahre Zeitz

Gesundheitswesen und die vielen Kultureinrichtungen und Massenorganisationen marschierten im Gefolge mit.
Ziel war es, „in den verschiedenen Bildern (…) die Stellung der Stadt und ihrer Bürger in den verschiedenen Gesellschaftsordnungen zum Ausdruck" zu bringen. Jedem Bild lag eine detaillierte Beschreibung zugrunde. Entscheidenden Einfluss auf die Darbietung hatte der Heimatforscher Gerhard Albrecht.

DAS „GOLDENE BUCH DER FREIHEIT"

Die Bereitschaft, an der Ausgestaltung der Feier zum Stadtjubiläum mitzuwirken, war in allen Wohnbezirken groß. Im Stadtarchiv Zeitz verwahrt, dokumentiert das „Goldene Buch der Freiheit" die Aktivitäten der dortigen Anlieger im Rahmen der 1000-Jahr-Feier.

Die Bewohner des Viertels „Freiheit" erbrachten 1500 MDN an Leistungen im Rahmen des NAW (Nationales Aufbauwerk) und in Eigenarbeit. Außerdem wurde unter Federführung des

Stadtbekannter Geschäftsinhaber Kneisel mit Arbeitskollektiv

einfallsreichen Geschäftsinhabers von „Tombola-Kneisel“, Rudolf Kneisel, Kalkstraße 15, ein „Freiheit-Eigenprogramm“ initiiert unter dem Motto „Unsere Herzen schlagen für unser liebes, altes Zeitz“.

Zwischen dem 24. Juni und 1. Juli 1967 zeigte sich „die alte Freiheit mit ihren Originalen“. Höhepunkt waren Spiel und Tanz von drei Ensembles aus der CSSR auf dem platzartigen Teil der „Freiheit“.

„Tombola-Kneisel“

Beim Bummel durch die Stadt führte für Kinder, oftmals zum Leidwesen ihrer genervten Eltern, kein Weg an „Tombola-Kneisel“ in der Kalkstraße vorbei. Die hier angebotenen ausgefallenen Scherzartikel waren der Renner. Minutenlanges Stehen am Schaufenster gehörte dazu. Zu kaufen gab es dank des regen Verkaufstalents von Rudolf Kneisel noch vieles mehr: Spielwaren, Faschingsartikel und sogar Bürobedarf. Das Geschäft gibt es seit Jahrzehnten nicht mehr. In einem der großen Schaufenster grüßt ein riesiger Keramikfrosch als stille Reminiszenz an die erfolgreiche Geschichte der Firma Kneisel.

Ein Magnet für Kinder und Jugendliche: „Tombola-Kneisel“ in der Kalkstraße 15 um 1950

FERNSEHER HALTEN EINZUG

LUXUS FÜR 6000 MARK

Rundum informiert zu sein war auch für die DDR-Bürger ein permanentes Bedürfnis. In den ersten Jahren wurden wichtige Informationen über gedruckte Bekanntmachungen unters Volk gebracht.

Kollektives Fernsehvergnügen bei der Volkssolidarität 1960

Ab Mitte der Fünfziger wurden zunehmend Fernsehapparate verkauft. Wer einen haben wollte, musste sich damals anmelden. Manch einer erhielt sogar das Kaufprivileg für seine geleistete Arbeit. 1959 gelangte das Modell „Rafena Derby“ in zahlreiche Zeitzer Wohnstuben. Allein 1960 wurden 2700 Fernsehapparate im Kreis Zeitz vertrieben. Auch die bekannten „Fernsehfritzen“ hatten damit ab sofort genug zu tun, denn anfällig waren die frühen Geräte zur Genüge.
Ende April 1963 eröffnete deshalb das Dienstleistungskombinat Zeitz (DLK) in der Thälmannstraße eine „Schnell-Reparatur-Werkstatt“ für Fernsehen und Rundfunk.

In Zeitz angebotene Fernsehgeräte werden anlässlich der Feierlichkeiten zum 15-jährigen Bestehen der DDR präsentiert

Ein Farbfernseher blieb bis zum Ende der DDR ein Luxusgegenstand. 6000 Mark kostete dieser 1989 im RFT-Televisionsgeschäft des Konsums in der Leninstraße. Das Gute daran war, dass es dafür Konsummarken entsprechend des Kaufbetrages gab. Das Kleben der Marken lohnte sich.

DAS GAB ES NUR IN ZEITZ

„RENTNERSILO“ UND „STAHR-KASTEN“

Die Umgangssprache des Volksmundes in Zeitz brachte, ob man es nun als kreativ oder einfallsreich bezeichnet sei dahingestellt, wohl aus ganz pragmatischen Gründen Begriffe für bekannte Einrichtungen hervor, bei denen man sofort wusste, was damit gemeint ist.

„Rentnersilo“: Jeder echte Zeitzer wusste in den 1980er-Jahren sofort, wenn vom „Rentnersilo“ die Rede war. Gemeint war das 1974 eingeweihte Zwillingshochhaus in Zeitz-Ost. Die Wohnungen, reichlich an der Zahl, weshalb man abfällig von einem „Silo" sprach, wurden vorrangig an verdienstvolle Veteranen der Arbeiterklasse vergeben, die dort altersgerecht untergebracht waren und vielfältig Betreuung erfuhren. Das Beste einer solchen kleinen, aber von den meisten als fein empfundenen Wohnung ist noch immer der weite Ausblick (vorausgesetzt, man wohnt in den oberen Etagen) in die Zeitzer Landschaft. Je nach Lage schweift der Blick über das industrielle Zeitz oder bestenfalls ins Thüringer Vorland.

Zwillingshochhaus in Zeitz-Ost

„Stahr-Kasten": 1977 zog die SED-Kreisleitung in ihre neu errichtete Machtzentrale Volksplatz 21a ein. Einige empfanden sie als Protzbau, der einmal mehr den alleinigen Machtanspruch der SED mittels Architektur manifestierte, obwohl durchaus zweckdienliche Aspekte bei dem Bau im Vordergrund standen. Schnell war vom „Stahr-Kasten" für das Gebäude die Rede.

Unfreiwilliger Namensgeber war Klaus Stahr, 1. Sekretär der SED-Kreisleitung, der seit Ende 1976 bis November 1989 faktisch mächtigster Mann im Stadt- und Landkreis Zeitz war.
Nach der Wende verkaufte unter anderem ein Möbelmarkt seine Ware im „Stahr-Kasten". Inzwischen ist das Polizeirevier seit vielen Jahren am Volksplatz 21a untergebracht.

Offizielle Übergabe der SED-Kreisleitung am Volksplatz mit vielen Gästen

INTERNAT IM „GEFÄNGNIS"

KERKERFENSTER VERSCHWANDEN

Seinem Zweck entsprechend stabil erbaut worden war es 1811/1812, und sicher hätte es noch einige hundert Jahre gestanden. Die Rede ist von dem alten Gerichtsgefängnis in der Schloßstraße 10. Seit jeher war es ein düsteres und klotziges Gebäude. Wo vormals eine barocke Orangerie-

Anlage mit Parterre und Wasserkunst aus dem frühen 18. Jahrhundert das Auge erfreute, stand über 190 Jahre dieser bruchsteinerne Bau, der vollständig die Reste des Orangerie-Gebäudes in seinen Schatten stellte. Zeitgeist und Ästhetik haben sich an dieser Stelle im Stadtbild sehr kontrastreich gespiegelt. 1964 entschloss man sich endgültig, den Gefängnisstandort Zeitz aufzugeben.

Das alte Gefängnis vor dem Umbau 1965

Gefängnis während des Umbaus zum Wohnheim 1966

Ein Abbruch der Haftanstalt kam allerdings nicht in Frage, zumal dieser Altbau der Planwirtschaft der Abteilung Volksbildung des Rates des Kreises Zeitz als durchaus ausbaufähig für ein Internat der Pestalozzi-Sonderschule erschien. Trotzdem gab es mehrere Stimmen bei der Stadtverwaltung, allen voran von Stadtsekretär Hans Richter, die sich schon damals für eine Wiederherstellung der historischen Situation aussprachen und einen baldigen Abbruch der funktionslos gewordenen Haftanstalt und des angrenzenden ehemaligen Gerichtsgebäudes in der Schloßstraße anstrebten.
Während über das Für und Wider zwischen Stadt und Kreis noch diskutiert wurde, erfolgte im Juni 1964 die Aufstellung der Kosten für den Um- und Anbau. Der Rat der Stadt stimmte am 23. Dezember desselben Jahres dem Projekt schließlich zu. Die Baugenehmigung wurde am 5. Februar 1965 erteilt. Ausgeführt wurde das Projekt von der Zeitzer Baufirma Schneider.
Zum Schuljahresbeginn 1967 wurde das neue Internat der Zeitzer Sonderschule für 40 Kinder seiner Bestimmung übergeben.

Wichtigster Unterschied, rein äußerlich betrachtet, war, dass der ummauerte Gefängnishof und die früher üblichen schmalen Kerkerfenster verschwunden waren und man auch das Dachgeschoss ausgebaut hatte, was dem Gebäude ein neuzeitlicheres Aussehen verlieh. Immerhin noch bis Sommer 2003 als Internat des Burgenlandkreises für Berufsschüler genutzt, wurde das alte Zeitzer Gefängnis dann sogleich in Vorbereitung der Landesgartenschau 2004 endlich abgerissen. Es stand der Rekonstruktion der Orangerie-Anlage von Schloss Moritzburg im Weg, die heute wieder ein touristischer Magnet ist.

ENGE UND FEUCHTE WOHNUNGEN

Eines der größten Probleme der Nachkriegszeit in Zeitz war der fehlende Wohnraum. Viele Familien lebten mitunter in engen und feuchten Wohnungen, die teilweise nur schlecht beheizt werden konnten. Sogar Kellerwohnungen waren keine Seltenheit. Aus alten Gemäuern, so romantisch sie auf alten Postkarten aussehen mögen, wollten die meisten Menschen so schnell wie nur möglich ausziehen. Zudem waren zahlreiche Wohnungen aufgeteilt. Nicht jeder, der verheiratet war, konnte über sein eigenes Heim verfügen, weshalb viele nach der Heirat die ersten Jahre bei Eltern oder Schwiegereltern untergekommen waren. Viele hatten zudem 1945 in Zeitz eine neue Heimat gefunden. Auch zog die Stadt der Arbeit unzählige Menschen nach wie vor an.

UNERTRÄGLICHER WOHNRAUM IM BRÜHL 32

Eine große Anzahl Wohnungen in der Altstadt waren allerdings kein Quartier für die Ewigkeit.
So bereitete der schlechte Bauzustand des straßenseitigen Vorderhauses von Brühl 32 Glasermeister Helmut Pfeiffer, dem das Grundstück seit 1. August 1949 gehörte, einige Sorgen. Die Stadtverwaltung stimmte allerdings einem von Pfeiffer beantragten Teilabbruch des desolaten Gebäudes aufgrund der anhaltenden Wohnungsnot 1950 zunächst nicht zu, obwohl das Gesundheitsamt die Wohnungen „nicht mehr als menschlich bewohnbar" einschätzte. Geplant war von Pfeiffer nach dem kompletten Abbruch des spätmittelalterlichen Bürgerhauses die Errichtung eines Wohnhaus-Neubaus für 20 bis 25 Familien.

Brühl 32 vor dem Abriss

Dazu kam es aber aus mehreren Gründen nicht. Kurz nach Ende des Zweiten Weltkrieges lag das Hauptaugenmerk des Wiederaufbaus auf den stark kriegszerstörten Städten. Zeitz gehörte nicht dazu, obwohl bekannt war, dass an die 800 Wohnungen im gesamten Altstadtgebiet als abbruchwürdig galten. Infolgedessen erhielt Zeitz wenige Auflagen an Wohnungsneubauten. Eine von Pfeiffer gewünschte Aufnahme in den sogenannten „Investitionsplan für 1951" kam nicht zustande, weil das Haus Privatbesitz war. Ausgeschlossen war auch die Finanzierung über die „Deutsche Investitionsbank", da nur Kredite für Wohnungen vergeben wurden, für die eine staatliche Auflage erteilt worden war. An der gesamten Altbausubstanz hielt man im Zeitz der Nachkriegszeit folglich zunächst notgedrungen fest. Die Hauseigentümer wurden angehalten, unbedingt notwendige Reparaturen auszuführen, um einem weiteren Verfall entgegenzuwirken. 1953/1954 verschwand das spätmittelalterliche Gebäude letztendlich doch. Zu einer Ersatzbebauung kam es nicht.

WOHNUNGSBAU ...

... VON ZEITZER GROSSBETRIEBEN GEFÖRDERT

Als ein geeigneter Ausweg aus der mitunter katastrophalen Wohnungssituation wurde die Beteiligung der zukünftigen Mieter und der Großbetriebe an den Kosten und Arbeiten für die Wohnungen von Partei und Regierung beschlossen.
Am 10. Dezember 1953 trat die „Verordnung über die weitere Verbesserung der Arbeits- und Lebensbedingungen und die Rechte der Gewerkschaften“ in Kraft. Das bedeutete, dass die Großbetriebe den Wohnungsbau fördern und finanziell unterstützen mussten. Infolgedessen gründeten sich in der DDR zahlreiche AWGs (Arbeiterwohnungsgenossenschaften).
In Zeitz begann damit der VEB Hydrierwerk bereits am 6. Mai 1954. Seine AWG bekam den Namen „1. Mai“.
Die Mitgliedskarte in so einer Genossenschaft war für Wohnungssuchende nicht zum Nulltarif zu haben. 1500 bis 2400 Mark mussten auf den Tisch geblättert und Arbeitsstunden am zukünftigen Wohnort geleistet werden. Das Hydrierwerk beteiligte sich am ersten Bauabschnitt mit 35 000 Mark und einem Zuschuss von 500 Mark für jede Wohnung.
Wohnblöcke wurden zuerst am Fockendorfer Grund und in der Heinrich-Heine-Straße errichtet.

Grundsteinlegung für den ersten Wohnblock der AWG des VEB Hydrierwerk Zeitz 1954

Das Ehepaar Kahnt lebt seit 1955 in der Heinrich-Heine-Straße. Über seine Geschichte wurde am 24. Februar 2014 in der „Mitteldeutschen Zeitung“ berichtet:

„... 1951 hatte das Paar geheiratet, hatte wenig später ein Kind, das zweite war unterwegs, und langsam wurde es sehr eng mit den Schwiegereltern in einer Wohnung in der Zeitzer Dimitroffstraße ...“

Hans Kahnt erzählte im Interview:
„Jeden Tag bin ich nach Feierabend auf die Baustelle, wir haben im Werk Laster mit Kies beladen und in Zeitz wieder per Hand abgeladen. Andere haben im Reudener Ziegelwerk Sonderschichten gefahren.“

Das Richtfest für diesen Wohnblock wurde am 27. Dezember 1954 in der Vater-Jahn-Turnhalle gefeiert. Für die fleißigen Arbeiter und zukünftigen Mieter gab es Hammel und Klöße.

Die private Baufirma „Georg Köttnitz“ aus der Gleinaer Straße in Zeitz hatte den Auftrag für diesen ersten Bauabschnitt erhalten. Gebaut wurde noch „Stein auf Stein“, an die später – viele meinen zu Unrecht – geschmähten „Plattenbauten“ war noch nicht zu denken.
Im Frühling 1955 transportierten die ersten 27 Mieter stolz ihre Möbel in die Wohnungen Heinrich-Heine-Straße 7, 9, 11 und 13.

HEISSWASSERSPEICHER STATT BALKON

Streit innerhalb einer Genossenschaft kam vor. Meist fand sich aber eine gütliche Regelung. Wenn die ersten Mitglieder darüber ins Plaudern kommen, muss man aus heutiger Sicht oftmals darüber schmunzeln:

„Für die Häuser des Wohngebietes Völkerfreundschaft waren nur ab dem ersten Obergeschoss und darüber hinaus Balkone vorgesehen. Nach mehreren Protesten und Eingaben erhielten die Bewohner der Erdgeschosse als Ausgleich Heißwasserspeicher über den Küchenspülen.“

„Die Wohnungen der Völkerfreundschaft waren mit Fliesen über der Spüle und dem Waschbecken sowie an der Badewanne ausgestattet. Als man beim Bau der letzten Blöcke war, baute die ZEMAG zeitgleich ihre Großküche. Dazu wurden alle im Kreis Zeitz vorhandenen Fliesen gebraucht. Als Ausgleich erhielten die Mieter den begehrten 5-Liter-Heißwasserspeicher über ihrer Küchenspüle.“

Im Jahr 1960 errichtete die AWG „DSF“ des Großbetriebes ZEMAG 60 neue Wohnungen in der Tröglitzer Straße. Flott voran ging ein Jahr später der Neubau von AWG-Wohnungen zwischen Hospital- und Lassallestraße.

VORLÄUFIGER BAUSTOPP FÜR DIE AWG „1. MAI“

Mit Fertigstellung des Stadtteils Völkerfreundschaft 1963 endete der komplexe Wohnungsbau in Zeitz vorerst. „Zeitz-Ost“ als neues Großbauprojekt war bereits geplant, konnte aber nicht sofort im Anschluss realisiert werden, obwohl man mit der Erschließung der Marienstraße, die heutige Käthe-Niederkirchner-Straße, auch mit Versorgungsleitungen bereits begonnen hatte. Es fehlten die Kapazitäten, die an anderer Stelle und zwar in Ber-

Einweihung DLK-Gebäude 1983 in Zeitz-Ost

lin, Buna oder Leuna vorrangig zum Einsatz kamen, was immer wieder den Ärger der Bevölkerung hervorrief. Im Zeitraum 1963 bis 1974 erfolgten bei der AWG „1. Mai" keine Neubautätigkeiten.

Trotzdem entstanden in Zeitz Neubauwohnungen für die Menschen aus den umliegenden Dörfern, die dem Braunkohle-Abbau zum Opfer gefallen waren. In der „Völkerfreundschaft" entstanden zu diesem Zweck Wohnbauten an der Prager Straße, Warschauer Straße und Moskauer Straße.

MIETPREISE

Die Miete für eine AWG-Wohnung war entsprechend der Einkommensverhältnisse gering. Allerdings ist es bei den Mietpreisen kaum möglich gewesen, die Wohnungen ordentlich instand zu halten.

Neubauwohnung der Familie Seidel in Zeitz-Ost

Im Durchschnitt zahlte man in Zeitz monatlich für eine:

4-Raum-Wohnung: 44,00 Mark
3-Raum-Wohnung: 34,00 Mark
2 ½ -Raum-Wohnung: 29,00 Mark
2-Raum-Wohnung: 26,00 Mark

Erstaunlich ist, dass die Preise bis zur Wendezeit konstant blieben.

„ZEITZ-OST" WÄCHST, WÄCHST UND WÄCHST …

Ständig stieg der Bedarf an Wohnraum. Ab 1965 entstand endlich das lang ersehnte Neubaugebiet „Zeitz-Ost". Hier wurden Wohnblöcke in der Käthe-Niederkirchner-Straße bis zum Wasserturm an der Geußnitzer Straße in Plattenbauweise montiert, die heute gemeinhin als Alt-Zeitz-Ost bezeichnet werden. Nunmehr hielt die „Platte" Einzug im Stadtgebiet. Die Wohnungen gehörten zum Bestand des VEB Gebäudewirtschaft Zeitz.

Auch an die Bildung wurde gedacht. Die „Lenin-Oberschule" in der oberen Käthe-Niederkirchner-Straße wurde am 30. August 1969 übergeben und das Zwillingshochhaus als Wohnstätte für Veteranen am 3. Oktober 1974.

Geußnitzer Straße 1958

Zwischen 1965 und 1975 fanden 10 000 Menschen in „Zeitz-Ost" eine neue Wohnung.

Zeitz-Ost vor der Erschließung: In der Geußnitzer Straße 1965 in freier Natur mit dem abgerissenen Wasserturm von 1928

HOCHHAUS FÜR RENTNER

Eigentlich war es für Arbeiter der im Hydrierwerk tätigen Fremdfirmen gedacht, die es zum Bau der primären Erdölverarbeitungsanlagen nach Zeitz verschlagen hatte. Noch während des Aufbaus 1973/1974 stand allerdings fest, dass das markante Zwillingshochhaus an der Käthe-Niederkirchner-Straße für diesen Zweck nicht mehr benötigt wird. Die Stadt übernahm es und ließ 274 Wohnungen, vorwiegend Einraumwohnungen, größtenteils für Rentner einrichten, die heute noch gefragt sind.

Weitere Neubaugebiete wurden in der Folgezeit in Richtung Puschendorf-Stadion und Platanenweg erschlossen. Am 20. Juni 1975 erfolgte der erste Spatenstich für den Wohnblock III auf der Baustelle entlang der Beethovenstraße. Hier konnten im Mai 1976 die ersten Mieter einziehen.

Zeitz-Ost machte der Altstadt zunehmend Konkurrenz

Kaufhalle „Kosmos" in Zeitz-Ost 1981

Der Wohnungsbau in Zeitz-Ost setzte sich bis in die 1980er-Jahre fort entlang der Straße nach Gleina und Hainichen. Das letzte große Neubaugebiet entstand ab 1988 am Schützenplatz. Die meist abfällig gemeinte Bezeichnung „Platte“ kam erst nach den politisch-gesellschaftlichen Veränderungen in Ostdeutschland auf.

BEI FINKGRÄFES ...

... ODER DROGERIE-EINKAUF VON ANNO DAZUMAL

Unvergessen bei vielen Zeitzern, aber auch den Bewohnern des Zeitzer Umlandes, ist die „Drogerie Hermann Finkgräfe“, Roßmarkt 12, am Eingang zur Wendischen Straße, die im Herbst 1883 im Vorgängerbau gegründet wurde. Sämtliche politischen und wirtschaftlichen Umbrüche im 20. Jahrhundert mit mehreren Gesellschaftsordnungen überdauerte das Geschäft. Geprägt haben die Finkgräfes und ihre Zeitzer Vorfahren die Geschichte und Geschicke der Stadt auf vielfältige Weise. Die Stiftung des Finkgräfe-Brunnens auf dem Altmarkt 1909 gehört mit zu den schönsten Geschenken einer Zeitzer Unternehmerfamilie an die Bürger ihrer Stadt.

Mit dem Namen Finkgräfe werden ebenso Erinnerungen an eine Zeit wach, als Drogerien noch ausschließlich individuell eingerichtete Einzelhandelsgeschäfte waren. Bilder einer gediegenen, dezent dunkel gehaltenen Ladeneinrichtung mit Regalen und Schubkästen aus Massivholz und Schaufenster, durch die kein nennenswertes Tageslicht in den Verkaufsraum drang, sind es, die in den Sinn zurückkehren, wenn man in Gedanken die Drogerie Finkgräfe noch einmal betritt. Modernen Verkaufsstrategien gänzlich abhold, war es das Empfinden und das Flair des Nostalgischen, eigentlich schon Musealen der Inneneinrichtung aus der Zeit um 1925, das den Kunden beim Betreten umgab und immerhin bis zur Schließung erhalten blieb. Dazu gehörten wie selbstverständlich die historisch vornehme Registrierkasse mit Kurbel und die eigenwillige Geruchsmischung aus edlen Parfüms hinter der Glasvitrine, Gewürzen, Farben und Reinigungsmitteln sowie zur Bedienung mehrere Verkäuferinnen im weißen Kittel hinter den Verkaufstresen.

1954 übernahm der aus Weißenfels stammende Drogist Gerhard Zenker (1913–2010) die Finkgräfe´sche Drogerie-Großhandlung als alleiniger Inhaber von der Witwe des im Jahr zuvor verstorbenen Walter Finkgräfe. Mit viel Engagement und kaufmännischem Geschick führte er den Betrieb über 40 Jahre.

PRÄSERVATIVE ÜBER DEM LADENTISCH

Kondome gibt es inzwischen in fast jedem Supermarkt, sogar in der berühmten Quengelzone an der Kasse wird oft dem Bedürfnis nach Safer

Sex Rechnung getragen. Dort, wo man meist nur Süßigkeiten und Zigaretten vermutet, kann man sie kurzerhand ohne Nachfrage erwerben. Der Kauf von solchen Präservativen war zu DDR-Zeiten beschwerlicher und mitunter peinlich, vor allem, wenn Hemmungen ins Spiel kamen. Wer sie brauchte, bekam sie meist „bei Finkgräfe".

Mitunter erlebten viele auf die eine oder andere Art den besonderen und sehr direkten Schalk des Geschäftsführers Zenker. So verwundert es keineswegs, dass dieser die von einem schüchternen Kunden diskret an ihn gerichtete Frage, ob es Verhüterli im Laden gäbe, mit einer lautstark durch den Verkaufsraum gestellten Anfrage an eine seiner Verkäuferinnen weitergab. Wäre es da nicht viel weniger peinlich gewesen, wäre der junge Mann gleich zu einer kompetenten Verkäuferin gegangen?
Im Februar 1995 schloss die Drogerie für immer ihre Tür und der Optiker Klotz bezog im Folgejahr das zuvor rundum sanierte Haus.

Schaufenster der Drogerie 1967 mit großer Flasche „Kölnisch Wasser" zum Preis von 57,00 Mark

KÜCHE, DIE EIGENTLICHE WOHNSTUBE

GESELLIGKEIT VOR DER HAUSTÜR

Grude-Öfen gehörten noch in den Fünfzigern zur Grundausstattung vieler Wohnküchen in der Zeitzer Altstadt. Auf sie verzichten wollte so manche Hausfrau nicht so gerne. Das beständige Feuer, das mit Grudekoks erzeugt wurde, wärmte den Raum angenehm dauerhaft, und Speisen waren schnell zum Verzehr bereit. Außerdem stellte der Bezug von Koks im Zeitz-Weißenfelser-Braunkohlenrevier kein Problem dar, da die Riebeck´sche Montanwerke AG als regionaler Hauptproduzent fungierte.

Überhaupt war es in vielen Familien noch längere Zeit üblich, das Wohnzimmer nur am Abend zum Entspannen aufzusuchen. Die Küche blieb lange noch die zweite Wohnstube, wo sich für gewöhnlich der Alltag abspielte.

Küchenherd, der mit Grudekoks befeuert werden konnte

Feierabendgeselligkeit auf der „Freiheit" 1953

Auf einem Stuhl zusammen mit Nachbarn vor dem Haus sitzen, den neuesten Klatsch, der in Müllers Kolonialwarengeschäft in der Kalkstraße die Runde machte, auszutauschen, galt am Feierabend noch bis weit in die 1950er hinein als willkommener Ausklang des Tages. Noch stand in den wenigsten Wohnzimmern ein Fernsehapparat.

„ZITZA" MACHTE DIE DAMENWELT SCHÖNER

WERBUNG VOR DEM WENDISCHEN BERG

Mondän und graziös blickte der Frauenkopf mit voller blonder Haarpracht von der Wand des 2013 abgerissenen Hauses Wasservorstadt 13 mehr als 30 Jahre herab. Wer den Wendischen Berg herunterfuhr, dem strahlte diese Sichtwerbung des VEB DHW Rodleben, Betriebsteil Zitza Zeitz, entgegen. „Zit" oder „Fan" waren im „sozialistischen Lager" populäre Marken. Dazu gehörte eine sehr breite Produktpalette. Ob Seifenartikel, Haarwäsche, Lackfestiger, Kindershampoo oder Haartönung, alles, was Zitza produzierte, war am Wasserberg entwickelt worden. Und wer denkt beim Blondiermittel „Helena" nicht sofort an die schönste Frau Griechenlands? In keinem Badezimmer der DDR durften Zitza-Produkte fehlen.

Das 2013 abgerissene Haus Wasservorstadt 13 mit berühmtem „Zitza-Frauenkopf"

Prominenter Werbeträger in den frühen 1960er-Jahren war der sächselnde Komiker Eberhard Cohrs

Täglich verließen an die 20 000 Shampoos das Werk, in dem über 300 Beschäftigte arbeiteten. Auch in den Ostblockstaaten, allen voran in der Sowjetunion und insbesondere in Ungarn machten sich die Frauen schöner mit den Kosmetikerzeugnissen. In der betriebseigenen Test-Frisierstube wurden alle Shampoos getestet. Erst wenn die Zusammensetzung den gewünschten Erfolg erbracht hatte, begann die Produktion.

SHAMPOO FÜR MENSCH UND AUTO

Der DDR-Bürger war seit jeher erfinderisch in dem von Mangel und Engpässen geprägten Alltag, weshalb das preiswerte „Shampoo grün" in der Glasflasche nicht nur Verwendung bei der Haarwäsche, sondern öfter auch bei der Autoreinigung fand. Zitza gehörte am Ende der DDR zum 1980 entstandenen VEB Kosmetik-Kombinat Berlin.

Die Jugendkosmetikserie „Action" war in den 1980ern mit Lippenstift und Lidschatten der Renner in der Mädchenwelt. Auch das auffallende rosa Design mit schwarzem Gitternetz konnte sich sehen lassen und mit westlichen Industriestandards messen.

1952 war der frühere Betrieb von Oehmig-Weidlich, dessen Anfänge in Zeitz im Jahre 1714 liegen, enteignet und zum VVB „Sapotex", Zitza Werke, später VEB Zitza-Werk Zeitz entwickelt worden.

Fortan firmierte die älteste Seifenfabrik Deutschlands unter der einprägsamen Bezeichnung „Zitza". Das war ursprünglich die von Kommerzienrat Hermann Thieme, dem einstigen Eigentümer, erfundene Bezeichnung für den Schokolade produzierenden Firmenzweig, der 1972 ausgegliedert und an den VEB Zetti angeschlossen wurde. 1996 war trotz erfolgter Privatisierung endgültig Schluss mit „Zitza", der Betrieb wurde stillgelegt. Seither verfallen die Fabrikanlagen.

Der Haupteingang des Zitza-Werkes 1951

AUF DEM WEG ZUM ERWACHSENWERDEN

JUGENDWEIHE

Die Jugendweihe war keineswegs eine Erfindung führender Politiker der DDR, obwohl es immer noch von einigen fälschlicherweise angenommen wird. Im Verlauf der Zeit wurde sie immer stärker zu einem Bekennerritual für den Sozialismus und zum Streitobjekt zwischen SED-Staat und Kirche.

Jugendweihe-Veranstaltungen gab es in Zeitz bereits in den 1920er-Jahren. Die teilnehmenden Kinder gehörten zumeist der sozialistischen und kommunistischen Jugend an, deren Eltern Atheisten und Freidenker waren. Stattgefunden hatten die „Weihen" im Lokal des Genossen Kämpfe, der „Roten Achte", und auch im Richard-Naether-Jugendheim in der Freiligrathstraße.

Am 27. März 1955 fand in Ostberlin die erste offizielle Jugendweihe statt. Der Großteil der Jugendlichen nahm aus freier Entscheidung daran teil.

Die ersten Zeitzer Jugendweiheteilnehmer 1955 im Klubhaus „Maxim Gorki"

Die Jungen und Mädchen freuten sich am meisten darauf, endlich in den Kreis der Erwachsenen aufgenommen zu werden. Für die Mädchen war es vor allem wichtig, so elegant wie möglich auf der Bühne zu stehen. Private Damenschneiderinnen erfüllten so manche außergewöhnlichen Wünsche.

Jugendweihe 1968 im Klubhaus „Marx Engels"

Nach der Feier mit Festansprachen und Gelöbnis in einem der zahlreichen Klubhäuser oder im „Weltfrieden" tauschten sich die „Geweihten" über ihre Geschenke und die erlebten Eindrücke noch längere Zeit aus.

Die Klassenchronik des Jahrgangs 1960/1961 einer Schule aus dem Kreis Zeitz dokumentiert, dass bereits die ersten Wochen nach Schuljahresbeginn von der bevorstehenden Jugendweihe geprägt waren:

„Die Fahrt nach Buchenwald

Alle Jugendweiheteilnehmer der Klassen 8a und 8b unternahmen am 17.10.74 eine Fahrt nach Weimar. Pünktlich 7 Uhr trafen wir uns vor der Schule. Mit dem Bus fuhren wir dann zur Goethe- und Schiller-Stadt Weimar. Am Vormittag wurde die Stadt besichtigt. In Weimar gibt es viele Sehenswürdigkeiten. Besonders die Innenstadt ist reich davon. Im Goethe-Museum nahmen wir an einem Rundgang teil. Leider verging die Zeit zu schnell und der Mittag war bald da. Mit dem Bus ging die Fahrt weiter zur Mahn- und Gedenkstätte Bu-

chenwald. Die Besichtigung des ehemaligen Konzentrationslagers begann mit einer Filmvorführung ...“

Die bekannte Zeitzer Schauspielerin Marianne Helmrath, die für ihr künstlerisches Schaffen 1981 mit der Medaille „Für Verdienste im künstlerischen Volksschaffen“ ausgezeichnet wurde, trat bei zahlreichen Jugendweihe-Veranstaltungen im Stadt- und Landkreis als wirkungsvolle Rezitatorin auf.

„‚FREIHEIT‘ LESEN, DABEI GEWESEN“ ...

... UND „ZEITZER HEIMAT“

Wer erinnert sich nicht an diese Werbebotschaft, die im öffentlichen Raum immer wieder zu lesen war?
Es passiert älteren Bürgerinnen und Bürgern hin und wieder, dass sie aus Versehen sagen, dieses oder jenes hätte so in der „Freiheit“ gestanden. Natürlich ist dann die Rede von der „Mitteldeutschen Zeitung“, was sie dann auch recht schnell korrigieren. Die „Freiheit“ war aber nun einmal fast 45 Jahre das SED-Presseorgan in Zeitz und überhaupt die führende Tageszeitung im Bezirk Halle und die „Mitteldeutsche Zeitung“ (MZ) ihre Nachfolgerin ab März 1990. Viele Bürger, darunter nicht wenige SED-Mitglieder, bevorzugten allerdings die Zeitung der CDU, „Der Neue Weg“. Dort gab es viel mehr Heimatkundliches zu lesen.

Die Heimatzeitschrift „Zeitzer Heimat“ erschien zwischen 1954 und 1960. Als das Thema „Deutsche Einheit“ kein Thema mehr für die Oberen der DDR war, kam es zu ihrer Einstellung. Immer wieder fungierte dieses Blatt auch als Botschafter für viele ehemalige Zeitzer, die es nach 1945 in die BRD verschlagen hatte, als Brücke zur Heimat. Erst 1988 versuchte der Kulturbund mit den „Zeitzer Heimat-Blättern“ wieder an die Tradition einer Heimatschrift anzuknüpfen.

Einstiger Zeitungskiosk vor der Michaeliskirche

Erstaunlich ist, dass die SED-Kreisleitung in Zeitz zwischen 1961 und 1967 den „Zeitzer Rundblick“ herausgab. Das Beachtenswerte an dieser Wochenzeitung, die sich als „sozialistische Heimatzeitung“ verstand, war, dass dem Leser viel Regionalgeschichtliches geboten wurde.

Auch gab jeder große Betrieb eine eigene Betriebszeitung heraus. Bekannt und gern gelesen wurden „ZEMAG-Echo“, „Einheit“ des VEB Hydrierwerkes oder die „HO-Nachrichten“.

„HAUS DER MASSENORGANISATIONEN“

BOCKWURST UND FLEISCHSALAT

Anfang 1989 waren in der Kreisparteiorganisation Zeitz der SED rund 11600 Mitglieder und Kandidaten, die in 530 Parteigruppen, 97 Abteilungsparteiorganisationen und 257 Grundorganisationen organisiert waren.

1. Sekretäre der SED-Kreisleitung Zeitz:

Max Benkwitz 1946–1950
Wilhelm Nelk 1950–1951
Franz Rank 1951–1953
Rudolf Böhme 1953–1955
Werner Artzig 1955–1959
Paul Peilo 1959–1963
Walter Pillau 1963–1971
Walter Kitzing 1971–1976
Klaus Stahr 1976–1989
Christoph Forner 1989

Aus dem bisherigen Domizil Wendische Straße 29 wurde nach dem Auszug der SED das „Haus der Massenorganisationen“. Hier teilten sich große gesellschaftliche Institutionen wie URANIA oder der Kulturbund der DDR die Räumlichkeiten. Beliebt war die von der Konsum-Genossenschaft betriebene Kantine im Erdgeschoss. Besondere Leckereien waren dort Bockwurst und Fleischsalat-Brötchen, lecker zubereitet und dekoriert mit Petersilie aus dem eigenen Garten von Brigitte Thiele, die viele Jahre dort arbeitete.

MENSCHEN IHRER ZEIT

NAMEN, DIE VIELE KANNTEN

Bei politischen Großkundgebungen und gesellschaftlichen Festivitäten in Zeitz durfte **Max Benkwitz** auf der Ehrentribüne nicht fehlen. Die Stimme des „scharfen Max“, wie er auch unterm Volk genannt wurde, hatte bei der SED-Kreisleitung und überhaupt bei den Verantwortlichen in Stadt und Kreis großes Gewicht. Benkwitz war ein über die Kreisgrenzen hinaus bekannter Arbeiterfunktionär, der nach 1945 als regionaler Vorkämpfer für den Kommunismus Ehrung und Instrumentalisierung gleichermaßen erfuhr.

Überhaupt marschierte er noch im hohen Alter zur 1. Mai-Demo oder anlässlich des Tages der Befreiung Seite an Seite in der ersten Reihe mit führenden Funktionären des Staatsapparates und sowjetischen Militärs.

1889 in Groitzschen bei Gera geboren, verlebte er eine Kindheit und Jugend in bitterster Armut. Bereits mit jungen Jahren musste er für den Lebensunterhalt der Familie aufkommen. In der Weimarer Republik war er Abgeordneter der KPD im Reichstag. Im faschistischen Deutschland wurde er mehr als zehn Jahre in verschiedenen Konzentrationslagern eingesperrt, von 1939 bis 1945 im KZ Buchenwald, wo er auch im Lagerwiderstand tätig war.

Nach dem Krieg gehörte der Kommunist zu den „Aktivisten der ersten Stunde" und war einer der führenden Zeitzer KPD- und SED-Politiker. Sein Leben wurde für die heranwachsende Zeitzer Jugend als vorbildhaft stilisiert. Er selbst sprach oft vor Schülern im Pionierhaus über sein bewegtes Leben und verfasste 1972 seine Lebenserinnerungen.

Das Kulturleben der Stadt zwischen 1945 und 1990 gestalteten viele Männer und Frauen. Einige von ihnen, wie der Holzschnittkünstler Johannes Lebek oder der Maler Fritz Fröhlich, waren weit über Zeitz hinaus populär als anerkannte Künstler ihres Fachs. Erinnert sei auch an:

Max Benkwitz (Bildmitte) übergibt 1974 mit seiner Frau Martha (links) eine Spende an eine lokale Pionierorganisation

Adolf Schmiedecke

Mit „Die vergrabene Truhe" gelang Adolf Schmiedecke 1973 noch einmal ein regionaler Bestseller. Wie sehr sich die Menschen nach den alten Weisen der Heimat sehnten, belegt die Tatsache, dass das Buch innerhalb von 14 Tagen ausverkauft war. In ihm vereinte der bekannte Heimatautor Erzählungen und Sagen aus Zeitz und der näheren Umgebung. Eine zweite Auflage gab es allerdings zu DDR-Zeiten mangels Papierkontingents nicht.

Adolf Schmiedecke mit Frau Irma 1928

Adolf Schmiedecke, der 1930 mit „Die Revolution 1848/1949 in Halle" seine Promotion erlangte, war von 1932 bis 1945 Mittelschullehrer in Zeitz sowie ehrenamtlicher Leiter des Heimatmuseums im Schloss Moritzburg zwischen 1932 und 1946. In dieser Zeit verfasste er zahlreiche heimatkundliche Beiträge in der regionalen Presse, in den Jahren des „Totalen Krieges" regelmäßig im „Zeitzer Tageblatt". Auch nach dem Krieg war Schmiedecke, der wegen seiner NSDAP-Mitgliedschaft nicht mehr unterrichten durfte, dank seines herausragenden Geschichtswissens ein gefragter Autor. Als langjähriger Stadtarchivar von Weißenfels erschloss er indes nicht nur die Zeitzer Geschichte. Zu seinen bedeutendsten Publikationen zur Zeitzer Geschichte, die den regionalgeschichtlich interessierten Leser zwischen 1947 und 1974 neben vielen Beiträgen in der Tageszeitung „Der Neue Weg" erreichten, gehören: Ein Bericht über Zeitz und seine Entwicklung im Laufe von 980 Jahren – 947–1945 Chronik von Zeitz (1947), Die Revolution 1848 in Zeitz (1948), Sagen der Heimat (1955), Johann Christian Schubart. Edler von Kleefeld. Ein bedeutender Förderer der Landwirtschaft und der Bauernbefreiung (1956) und Zeitzer Ornithologen (1968). Adolf Schmiedecke starb am 27. Mai 1981 in seiner Wohnung in der Altenburger Straße 43 a in Zeitz.

SCHÖPFER DER „ZEITZER HEIMAT": GERHARD ALBRECHT

Der Name des 1917 in Zeitz geborenen Lehrers Gerhard Albrecht ist untrennbar mit der Kulturzeitschrift „Zeitzer Heimat" verbunden, die zwischen 1954 und 1960 monatlich erschien. Er war ihr Schriftleiter und zusammen mit seiner Ehefrau Lore maßgeblich verantwortlich für das niveauvolle Erscheinungsbild und die vielfältigen Inhalte, die dieses Magazin noch heute zu einer wahren Fundgrube für an der Regionalgeschichte Interessierte machen. Auch nach Einstellung dieser Zeitschrift, die weit über Zeitz hinaus als Heimat- und Kulturbotschafter wirkte, blieb Albrecht der Geschichte seiner Heimatstadt verbunden. Den aufwendig gestalteten Umzug zur 1000-Jahr-Feier gestaltete er fachkundig mit. In der Gruppe Regionalgeschichte des Kulturbundes widmete er sich der Historie seiner Heimat und gab sein Wissen an viele Interessierte weiter. 1984 erschien seine Schrift „Das Rathaus in Zeitz". Am 25. April 1990 starb Gerhard Albrecht durch einen Autounfall in der Nähe von Gera.

POESIE IM BILD: HEINZ FÖPPEL

Wer sich fotografisch porträtieren lassen wollte oder auch nur schnell ein Passbild brauchte, den führte sein Weg direkt ins Atelier Föppel, das sich im 2014 abgebrannten gründerzeitlichen Haus

Gerhard Albrecht und seine Frau Lore hatten sich der Stadtgeschichte verschrieben

Schützenstraße 7, der damaligen Thälmannstraße, über fünf Jahrzehnte befand. Das Handwerk wurde dem 1915 in Zeitz geborenen Heinz Föppel in die Wiege gelegt. Vater Hans war ebenfalls ein bekannter Fotografenmeister, der viele Ereignisse in Zeitz für die Nachwelt im Bild festhielt. Sohn Heinz wurde nach 1950 zu einem der bekanntesten Lichtbildner der DDR. Poetische Bildbände wie „Meine Bilder vom Darß" 1954 oder „Junge Liebe" 1960 wurden große Erfolge und Verkaufsschlager. Vom Ministerium für Kultur erfolgte 1968 seine Ernennung zum Professor. Fortan lehrte er bis 1980 an der Hochschule für Grafik und Buchkunst in Leipzig, Abteilung Fotografie. Heinz Föppel starb am 15. November 1983 in Schkeuditz. Anfang Februar 1987 eröffnete das Dienstleistungskombinat Zeitz ein Fotolabor im früheren Föppel´schen Meisterbetrieb. Nach der Wende fotografierte der frühere ZEMAG-Fotograf Peter Dürre noch eine Zeitlang im Föppel´schen Haus.

EIN LEBEN FÜR DIE ZEITZER PRESSE: DOROTHEA LANDMANN

Dass vieles aus der Zeitzer Vergangenheit nicht gänzlich der Vergessenheit anheimfiel, ist Dorothea Landmanns (1922–2008) Verdienst. Über 30 Jahre war sie Lokalredakteurin der CDU-Zeitung „Der Neue Weg". Unzählige Beiträge anerkannter Heimathistoriker fanden durch ihr Wohlwollen den Weg zum Leser.

Lokalredakteurin Dorothea Landmann

Sie selbst trat immer wieder als Zeitzeugin in Erscheinung. Das Ende des Zweiten Weltkrieges erlebte Dorothea Landmann als Angestellte im Rathaus hautnah mit, ihr Elternhaus in der Vater-Jahn-Straße wurde durch einen Volltreffer zerstört. Darüber berichtet hat sie ausführlich und außerdem viele historische Quellen aus der Nachkriegszeit vor dem Müll bewahrt.

KULTUR UND TANZ IM „KREML"

„FREUNDSCHAFT MIT DER SOWJETUNION"

Freundschaft mit den Ländern der UdSSR wurde die gesamte DDR-Zeit nicht nur ideologisch propagiert, sondern in vielen Veranstaltungen gepflegt. Anlaufpunkt für diesen Kulturaustausch war das „Haus der DSF", in dem allerdings längst nicht nur die russische Kunst und Kultur auf dem Programm standen.
Der Volksmund nannte die Kultureinrichtung einfach nur „Freundschaft"

oder „Kreml“. Im Mittelpunkt der Veranstaltungstätigkeit standen verschiedene Formen populärwissenschaftlicher Arbeit. Unterhaltung und Geselligkeit wurde durch Anrechtstanzveranstaltungen, Tanzabende für Jung und Alt, Jugendkonzerte und Auftritte sowjetischer Künstlergruppen dargeboten. Auch die Zirkelarbeit wurde gepflegt. Es existierten im Haus ein Konzert-, Textil-, Musik- und Russischzirkel.

In der Kreisorganisation Zeitz der „Gesellschaft für Deutsch-Sowjetische Freundschaft“, kurz DSF, waren im April 1985 insgesamt 29 000 Mitglieder organisiert. Diese stammten aus allen Schichten der Gesellschaft, auch Schüler höherer Klassen gehörten dazu. Ein Großteil der Mitglieder rekrutierte sich aus den Großbetrieben. Im Kreis Zeitz gab es allein 185 DSF-Grundeinheiten, davon trugen 528 Arbeitskollektive den Ehrennamen „Kollektiv DSF“. Seit dem 1. September 1949 befand sich das „Haus der DSF“ in der Leninstraße 13, das im Oktober 1953 den Beinamen „Maxim Gorki“ erhielt. DSF-Kreissekretär war damals bis 1990 Karl Heinz Frenzel.

Im großen Saal zur Freundschaftswoche

Im Baschkirischen Kabinett 1981

Jährlich wurden über 800 Veranstaltungen mit über 100 000 Besuchern durchgeführt. Diese fanden im Maxim-Gorki-Saal, Leninsaal und dem Baschkirien-Kabinett statt. Brigade-Veranstaltungen erlebten viele im Zimmer 4, dem Kabinett der Freundschaft, auch wegen seiner Ausgestaltung und den Wolkengardinen „Roter Salon“ genannt. Beliebt waren hier Alfred Ottos volkskundliche Dia-Ton-Vorträge über die Länder der Sowjetunion, auch als „Treff am Samowar“ bekannt. Und wenn der Leiter des Hauses, Arndt Walther, gemeinsam mit Reinhard Eybe Musik auflegte, war Stimmung pur angesagt. Auch die Zeitzer Tanzgirls unter der Tanzpädagogin Siegrid Sommer probten viele Jahre im „Kreml“ und präsentierten so manche Tanzkunst auf der Bühne.

Für ihre Arbeit mit der Jugend wurde die Einrichtung 1983 mit der „Arthur-Becker-Medaille“ der FDJ in Silber ausgezeichnet. Im Erdgeschoss des

Gebäudes befand sich die Handelsorganisations-Gaststätte (HOG) „Haus der DSF“. Gaststättenleiter war bis zur Wende Norbert Arlt.

Im Rahmen des Freundschaftsvertrages zwischen Baschkirien und dem Bezirk Halle bestanden seit 1982 mit drei Zeitzer Großbetrieben Partnerschaftsbeziehungen zu der BASSR (Baschkirische Autonome Sozialistische Sowjetrepublik):

1. VEB Hydrierwerk Zeitz mit dem Erdölverarbeitungswerk „XXII. Parteitag der KPdSU“ in Ufa
2. VEB Lederwarenfabrik Zeitz mit dem Kunstlederkombinat in Neftekamsk
3. VEB Zetti mit dem Süßwarenbetrieb „Urimskaja Konditorskaja Fabrika“ in Ufa.

In der Umbruchzeit des Jahres 1990 lockte das geräumige Zeitzer DSF-Gebäude inmitten des Zentrums die BARMER Ersatzkasse und Victoria-Versicherung an und im großen Saal fanden nun wiederholt „große Textil-Sonderverkäufe“ statt.

SCHLENDERMARKTSBALL IM „KREML“

Im „Kreml“, ganz offiziell „Haus der Deutsch-Sowjetischen Freundschaft Maxim Gorki“, in der Leninstraße 13 spielte sich in den vier Jahrzehnten DDR ein Großteil der städtischen Kultur ab. Selbst die Stadtverordneten nutzten den großen Saal für ihre Tagungen.
Das wohl beliebteste Ereignis im großen Saal war zum Abschluss des Jahres der Schlendermarktsball, der eine lange Tradition besitzt und hier bis 1995 ausgerichtet wurde und noch heute zum Jahresende, allerdings unter der Bezeichnung „Schlenkermarktsball“ im Hyzet-Klubhaus mit Musik und Tanz durchgeführt wird. So manches Paar, das hier den ersten gemeinsamen Tanz wagte, fand sich wenig später auf dem Standesamt wieder.

„MUSIK BRINGT SONNE INS HAUS!“

PIANOMECHANIKEN IN ALLE WELT

Rein ökonomisch betrachtet bedeutete Zeitz zur DDR-Zeit längst nicht nur Benzin, Kinderwagen, Kohle und Zuckerwaren. Auch andere Erzeugnisse trugen nicht unwesentlich dazu bei, dass die Stadt und der Landkreis ein industrielles Schwergewicht wurden.
So produzierte der VEB Pianomechanik Zeitz seit seiner Gründung 1956/1957 und dem darauf folgenden schrittweisen Ausbau am Volksplatz 1 das, was man Herz des Klaviers nennt – die Mechanik.
Über 90% aller gefertigten Mechaniken wurden ins Ausland exportiert. Junge Facharbeiter erlernten ihr Handwerk von der Pike auf in der eigens dafür

errichteten Lehrlingswerkstatt. Viele Arbeiter wurden nach ihrer Einstellung erst einmal im Betrieb angelernt.

Lehrlingswerkstatt des VEB Piano-Union am Volksplatz

VEB PIANOMECHANIK ZEITZ

Entstanden war der Betrieb durch Zusammenschluss der ehemals privat geführten und holzverarbeitenden Unternehmen Homberg (Holzmöbel und Intarsien), Gerbstädt (Flügel und Pianos) und Kummer (Mechaniken). Produziert wurde in den Werkhallen des enteigneten „Phönix-Werkes" von Wünsch und Pretzsch zwischen Volksplatz, Tröglitzer Straße und Van-Harnack-Straße. Ende der 1980er-Jahre stellte der Betrieb pro Jahr 27 000 Pianomechaniken her.

Pianomechanik-Herstellung

Sonnenuhr am einstigen Hölling'schen Firmensitz

Die Abwicklung des VEB Deutsche Piano-Union 1991, gefolgt vom Abriss der nach dem Ersten Weltkrieg entstandenen, ästhetisch anspruchsvollen

Industriearchitektur im Januar 1996, hinterließ eine Baugrube mit Wildwuchs als bleibende Wunde im Stadtbild, da der Neubau einer euphorisch mit Aufsteller angekündigten „Residenz-Passage", die damals von einem vermeintlichen Investor geplant worden war, bis heute auf sich warten lässt.

Ästhetisch wertvolle Industriearchitektur: Fabrikgebäude des VEB Piano-Union am Volksplatz

MEISTER DER KLAVIERBAUKUNST

„Musik bringt Sonne ins Haus!" So besagt es jedenfalls die 1976 angebrachte Sonnenuhr am Haus Freiligrathstraße 50 c. Wie viel Wahres hinter diesem Sinnspruch steckt, weiß nicht nur derjenige, der ein Instrument zu spielen versteht. Und der Klavierbauer, ist er ein Meister seines Fachs, weiß ebenso um die Geheimnisse zwischen Herstellung und Präzision, wie Wilhelm Hölling sie einstmals in den frühen 1950er-Jahren zusammenfasste:
„Es ist nicht damit getan, die einzelnen Teile zusammenzuschrauben – es sind übrigens etwa 2000 Mechanikteile – die gebraucht werden. Nein – so ein Apparat muss auch Seele bekommen, und da hat jede Firma ihre eigene Spezialität."

Joachim Hölling mit Mitarbeiter

400 Arbeitsstunden für ein Instrument wurden benötigt, ehe es in Gebrauch ging und besagte „Sonne ins Haus" transportieren konnte.
Die Herstellung hochwertiger Flügel und Klaviere hatte in Zeitz eine lange Tradition. 1843 wurde die Firma Hoelling & Spangenberg gegründet, die es sogar bis zum Hoflieferanten in Bayern und Preußen brachte.
Mit Schließung der Reparaturwerkstatt von Joachim Hölling 1986 endete am Standort in der Freiligrathstraße 50 c endgültig die Firmengeschichte. 37 215 Flügel und Klaviere entstanden insgesamt, deren Klang teilweise noch heute die musikalische Welt schöner und sinnlicher macht. Die Höllings waren wahre Meister der feinen Töne.

Bücher zum DDR-Alltag

Aus unserer Reihe **„Weißt du noch?“** – Geschichten und Anekdoten aus ehemaligen DDR-Städten, können Sie folgende Titel bestellen:
Arnstadt
Cottbus
Dessau Band 1
Eisenach
Erfurt Band 1 und Band 2
Gera
Halle (Fliederduft in der Fettbemme)
Magdeburg Band 1 und Band 2
Mühlhausen Band 1 und Band 2
Schwedt
Zwickau

Damals nach der DDR – Alltagsgeschichten
Gera
Halle
Magdeburg
Mühlhausen

E-mail: info@herkules-verlag.de

Bücher über den Fußball

Weißt du noch?
von Oskar Beckenbauer, Bayerns einzigem Abstieg, einer Mannschaftssitzung mit Mick Jagger ... und – Uli Hoeneß: „Zocken gehört verboten ...“
von Stephan Tönnies
88 Seiten, geb.,
zahlr. S/W-Fotos
ISBN 978-3-941499-91-1

Bücher über den Fußball

Jürgen Klopp
Kleine Geschichte eines außergewöhnlichen Fußballtrainers
von Claus Feldner
172 Seiten, geb., zahlr. S/W-Fotos
ISBN 978-3-941499-58-4

Das kleine
Borussia Dortmund Buch
Weißt du noch? Geschichten und Anekdoten
von Gerd Kolbe
88 Seiten, geb., zahlr. S/W-Fotos
ISBN 978-3941499-84-3

Weißt du noch?
Schalke 04
Geschichten und Anekdoten
von Friedhelm Wessel
88 S., gebunden, zahlr. S/W-Fotos
ISBN 978-3-941499-60-7

Weißt du noch?
Schalke 04 · Band 2
Geschichten und Anekdoten
von Friedhelm Wessel
88 S., gebunden, zahlr. S/W-Fotos
ISBN 978-3-941499-78-2

Das kleine
Felix Magath Buch
„Maggie", das „Besatzerkind"
und Kuschel-Sonntage mit der Familie ...
von Claus Feldner
88 Seiten, geb., zahlr. S/W-Fotos
ISBN 978-3-941499-80-5

Das kleine
Uli Hoeneß Buch
Respektloser Scharfmacher,
Besserwisser – ein Macho?
von Claus Feldner
88 Seiten, geb., zahlr. S/W-Fotos
ISBN 978-3-941499-79-9

Herkules Verlag • Richard-Strauß-Straße 33 • 34128 Kassel
(0561) 9 37 17 38

ZEITZER BÜRGER- UND OBERBÜRGERMEISTER 1945 BIS 1990

Auch wenn ohne die Zustimmung der SED-Kreisleitung keine wegweisenden Entscheidungen für die Stadt getroffen werden konnten, erfüllten alle Bürgermeister und die ihnen unterstellte Verwaltung beachtliche Aufgaben. Dazu zählte neben der Koordination der wachsenden städtischen Verwaltungstätigkeit die würdige Repräsentation der Industriestadt bei den zahlreichen politischen und gesellschaftlichen Veranstaltungen.

Wer waren die Männer, deren Namen jeder irgendwie kannte?

In den Wirren des Kriegsendes in Zeitz wurde der seit 1939 amtierende Oberbürgermeister **Hugo Ludwig Rath** (1904–1987), Rechtsanwalt und Verwaltungsbeamter, von den amerikanischen Besatzern, wenn auch nur kurzfristig, im Drunter und Drüber am 16. April wieder in seiner Funktion eingesetzt. Noch während der Besatzung durch die Amerikaner kehrte Rath nach seiner Absetzung allerdings in seine Heimat Nordrhein-Westfalen zurück und war bis zu seiner Pensionierung u. a. als Rechtsanwalt und Notar tätig.

Der am 31. Januar 1894 in Zeitz geborene Kunsthistoriker und einstige Verleger der bürgerlichen Tageszeitung „Zeitzer Neueste Nachrichten", **Arthur Jubelt** wurde von den in der Stadt eingerückten Amerikanern unter Major Banks am 25. April 1945 als Oberbürgermeister eingesetzt.

Seine Reputation erscheint den Besatzern für dieses Amt als geeignet, war er überdies auch kein Mitglied der NSDAP. Die vom Rat der Stadt zu lösenden Probleme der ersten Nachkriegstage waren enorm, wurden doch jeden Tag neue Verordnungen und Bestimmungen erlassen, die Jubelt als Mittler zwischen seinen Landsleuten und den Siegern umsetzen musste. Hinzu kamen im Frühjahr 1945 die angespannte Versorgungssituation bei Grundnahrungsmitteln und ein Zustrom von Flüchtlingen nach Zeitz aus den von der Roten Armee besetzten Gebieten.

Oberbürgermeister und Verleger Arthur Jubelt (1894–1947)

Im Juni 1945 erschien in seiner Druckerei das „Zeitzer Nachrichten-Blatt", die erste Nachkriegszeitung für Zeitz und Umgebung, einmal wöchentlich, und das in insgesamt in fünf Ausgaben. Die Zeitung umfasste nicht mehr als zwei bis vier Seiten, brachte den Menschen trotzdem viele überlebenswichtige Informationen in einer Zeit völliger Verunsicherung und Demoralisierung in die Wohnstuben. Sie dokumentierte gleichzeitig das langsame Aufwärts in allen Lebens- und Wirtschaftsbereichen nach der völligen Niederlage.

Nach einer von Kommunisten auf dem Altmarkt durchgeführten Demonstration gegen angeblich „reaktionäre Elemente in der Verwaltung" wurde Jubelt am 13. Juli 1945 von der mittlerweile in Zeitz eingezogenen russischen Kommandantur abgesetzt. Am 5. September 1945 wurde er nach Denunziation als vermeintlicher Nazi in seiner Wohnung Brüderstraße 15–16 verhaftet. Die Psychologie des Gerüchts war in dieser Zeit nicht zu unterschätzen. Die Druckerei wurde 1945/1946 enteignet und der SPD übertragen. Am 6. Dezember 1947 starb Jubelt im sowjetischen Speziallager II in Buchenwald.

Am 14. Juli 1945 wurde **Herbert Feiner** von der sowjetischen Militäradministration unter Major Paschuk als Oberbürgermeister mitsamt einem neuen „antifaschistischen Magistrat" eingesetzt. Geboren worden war Feiner am 25. Dezember 1893 in Bertrix in Belgien. Von Beruf war er Kaufmann und Techniker. Er entstammte einer katholischen Familie aus dem Rheinland und besuchte abwechselnd die „Höhere Schule" in Lüttich/Belgien und in Aachen, wodurch er fließend die französische Sprache erwarb, was ihm als Handlungsreisenden quer durch Europa im Dienste der Firma seines Vaters zugutekam, um Exportaufträge zu erhalten. Schon während des Ersten Weltkrieges war er als Dolmetscher tätig.

Herbert Feiner (1893–1955)

Seit 1920 lebte er in Zeitz. Sein Vater Hubert Feiner betrieb in Zeitz eine Kinderwagenfabrik in der Straße Auf den Gebinden 22, die er selbst bis Juni 1945 fast 20 Jahre als Direktor geleitet hatte. Bereits 1925 wollte er KPD-Mitglied werden. Allerdings wurde ihm das von der Parteileitung verwehrt, weil er der Sohn eines Bürgerlichen und Unternehmers war. Ab April 1945 gehörte Feiner dann mit zu den Begründern des „Antifaschistischen Blocks" in Zeitz. Das Amt des Oberbürgermeisters, das er mit viel persönlichem Einsatz ausführte, legte er Ende Dezember 1946 nieder, um dem Ruf des Chef-Direktors der „Industriewerke der Provinz Sachsen" zu folgen. Am 27. Januar 1955 verstarb er unbemerkt von der Öffentlichkeit in Zeitz.

Die Stadtverordnetenversammlung wählte am 20. Dezember 1946 den 1902 in Berlin geborenen Sozialdemokraten **Bernhard Moder** zum neuen Oberbürgermeister, der vom 1. September 1945 bis 27. September 1946 Erster Bürgermeister von Bitterfeld war.

Als „Schumacher-Agent" denunziert, wurde er schließlich gedrängt, sein

Amt als OB von Zeitz am 9. September 1948 niederzulegen. Bernhard Moder verschied am 28. August 1978.

Oberbürgermeister Bernhard Moder (1902–1978)

Der bisherige Leiter der Abteilung Wirtschaft beim Rat der Stadt Zeitz, **Willy Nelk**, wurde am 15. Oktober 1948 in einer außerordentlichen Sitzung der Stadtverordnetenversammlung zum Oberbürgermeister gewählt.

Nelk war bereits vor 1933 KPD-Stadtrat in Zeitz und während der NS-Zeit im KZ Lichtenburg inhaftiert. Ab Juli 1945 gehörte er als Stadtrat mit zu den Akteuren der ersten Stunde unter Oberbürgermeister Feiner.

Oberbürgermeister Willy Nelk

Sein Nachfolger **Otto Garz**, geboren am 16. November 1909 in Fischbeck, wurde am 30. Dezember 1950 in der Stadtverordnetensitzung zum Bürgermeister der Stadt Zeitz gewählt. Garz war gelernter Schlosser und bis 1933 Mitglied der SPD. Vier Jahre sowjetische Kriegsgefangenschaft lagen hinter ihm, ehe er seit 1. September 1949 beim FDGB eine Anstellung gefunden hatte. Am 2. Januar 1951 begann das neue Stadtoberhaupt seinen Dienst, den es bis zum 15. April 1952 ausführte.

Die Amtsbezeichnung Oberbürgermeister entfiel von nun an in Zeitz bis 1990. Sie blieb in der DDR fortan den Verwaltungen der Großstädte vorbehalten.

Am 1. Mai 1952 trat der junge und attraktive SED-Funktionär **Heinz Gassan** seine Nachfolge an.

Junger Bürgermeister Heinz Gassan (vorn) am 15. März 1953 auf dem Lindenplatz

Bürgermeister war ab 1. Februar 1954 der am 11. März 1902 in Weidau-Luckenau geborene Carl Gärtig. Dessen Vater war Schmied, er selbst erlernte in Weißenfels das Bäcker- und Konditorhandwerk. Carl Gärtig war seit seiner Jugend politisch aktiv und ab 1920 Mitglied der KPD.
Zwischen 1922 und 1929 lebte er in den USA, war dort in seinem erlernten Beruf tä-

tig und Mitglied der Kommunistischen Partei der Vereinigten Staaten von Nordamerika. Während der NS-Zeit wurde er aufgrund seiner Widerstandstätigkeit gegen das faschistische Regime im Zeitraum 1933 und 1945 fast durchgehend inhaftiert. Von 1938 bis 1945 war Carl Gärtig Häftling des KZ Buchenwald. Unter Einsatz seines Lebens hat er dort zahlreichen Mitgefangenen, begünstigt durch seine Tätigkeit in der Führer-, Truppen- und Häftlingskantine, bessere Nahrung und notwendige Medikamente ermöglicht. Sofort nach seiner Entlassung widmete er sich dem politischen Neuaufbau in der Sowjetischen Besatzungszone (SBZ). Vor seiner Berufung als Bürgermeister war er Direktor der Handelsorganisation (HO) in Zeitz. Während seiner Tätigkeit förderte er insbesondere den Ausbau sozialer Einrichtungen sowie den Dialog zur „gesamtdeutschen Verständigung". Krankheitsbedingt, denn die Folgen seiner langjährigen Inhaftierung hatten ihre Spuren hinterlassen, trat er im April 1956 vom Amt des Bürgermeisters zurück.

Carl Gärtig starb am 7. Januar 1981. In Weimar trägt eine Straße noch heute seinen Namen. Danach wurde Hans Richter kommissarisch für einige Monate als „amtierender Bürgermeister" eingesetzt.

Bürgermeister Carl Gärtig (3. von links) zur Arbeitsbesprechung

Gärtigs offizieller Nachfolger wurde **Ernst Bauer**, der zu diesem Zeitpunkt bereits über eine jahrelange Erfahrung in der kommunalen Verwaltungsarbeit verfügt.

Besonders gut verstand er es, mit den Bauern und ihren Sorgen umzugehen. Geboren worden war er am 5. Januar 1920 in Frauenhain unweit von Zeitz als Sohn des Schmiedes Karl Bauer und seiner Frau Hedwig. Acht Jahre besuchte er die Volksschule in Rippicha. Danach absolvierte er eine Lehre als Huf- und Wagenschmied bei Schmiedemeister Karl Herrmann in Frauenhain. Anschließend war er als Monteur beim Aufbau des Hydrierwerkes durch die Brabag beteiligt. Bauer gehörte zu der Generation Männer, die den Zweiten Weltkrieg von Anfang bis Ende miterlebt hatten. So war er zwischen 1940 und 1945 Soldat bei der Luftwaffe und Flak. Sein letzter Dienstgrad war Unteroffizier. Nach

Bürgermeister Ernst Bauer (1920–1982)

dreimonatiger amerikanischer Kriegsgefangenschaft konnte er nach Zeitz in die schwer zerstörte Brabag zurückkehren.
Vom 15. September 1949 bis 30. August 1951 war Bauer Bürgermeister von Droßdorf, ab 1. September 1951 Bürgermeister der Großgemeinde Tröglitz. Am 18. August 1956 wurde er als Bürgermeister von Zeitz eingestellt, nachdem er für ein Jahr die „Deutsche Akademie für Staats- und Rechtswissenschaft Walter Ulbricht" in Potsdam-Babelsberg besucht hatte. In seine Dienstzeit fallen wichtige Entscheidungen zur Stadtentwicklung sowie kulturelle Ereignisse, etwa die 1000-Jahr-Feier. Bauer war nach seiner Abberufung von Anfang 1970 bis 1981 beim Rat des Kreises Zeitz angestellt. Dort übte er zuletzt die Funktion des Leiters der Abteilung Organisation aus. Am 27. Oktober 1982 starb er in Zeitz.
Ab 1. Januar 1970 war **Hans Ehrhardt**, studierter Diplom-Gesellschaftswissenschaftler, neuer Bürgermeister. Geboren am 11. Januar 1923 in Zeitz, war Ehrhardt viele Jahre Kreissekretär der Nationalen Front. Seine Wahl erfolgte in einer außerordentlichen Sitzung des Rates der Stadt.

Nach seinem Ausscheiden wurde er Leiter des Museums Schloss Moritzburg. Der Aufbau der Kinderwagen-Dauerausstellung, das heutige „Deutsche Kinderwagenmuseum", ist mit sein Verdienst. Ehrhardt verstarb am 20. Dezember 1983 an den Folgen einer schweren Krebserkrankung.

Bürgermeister und späterer Museumsdirektor Hans Ehrhardt (1923–1983)

Am 6. Juni 1974 wurde der gelernte Industriekaufmann und bisher beim Konsum angestellte Hans Liebl, geboren am 10. August 1929 in Neudorf, Kreis Tachau in Böhmen, heute in Tschechien gelegen, als Zeitzer Bürgermeister und Vorsitzender des Rates der Stadt Zeitz von der Stadtverordnetenversammlung im Haus der DSF „Maxim Gorki" gewählt.

Hans Liebl erwarb sich durch seine volksverbundene Art schnell die Sympathie der Bevölkerung. Bis 1989 blieb er in der Funktion des Stadtoberhauptes. Mit seiner 15-jährigen Dienstzeit war er von allen Bürgermeistern zwischen 1945 und 1990 am längsten im Amt. Am 19. Juni 1995 verstarb er im Alter von 65 Jahren in Zeitz.

Nachfolger Liebls als Übergangsbürgermeister war in der ereignisreichen Wendezeit 1989/1990 Eberhard Schramm, der bis Ende Mai 1990 in dieser Funktion blieb. Bis zu seiner Pensionierung im Jahr 2000 leitete er das Stadtplanungsamt.

Bürgermeister Hans Liebl (1929–1995) links und Walter Kitzing, 1. Sekretär der SED-Kreisleitung, vorn rechts im Jahr 1976

Ab 1. Juni 1990 ist der aus der Bürgerbewegung des Herbstes 1989 hervorgegangene Dieter Kmietczyk neuer Bürgermeister. Auf der 14. Stadtparlamentstagung im Dezember 1990 wurde er in seinem Amt bestätigt.

Unstimmigkeiten bei der ersten Wahl im Mai 1990, nämlich die Missachtung des Paragraphen 27 der Kommunalverfassung, der besagt, dass die Mehrheit der Abgeordneten im ersten Wahlgang für eine Wahl erforderlich ist, hatten eine Wiederholung der Wahl nötig gemacht. Diese Mehrheit wurde bei der ersten Wahl mit 19 von 39 Stimmen nicht erzielt. Eine 18 Jahre andauernde, ereignisreiche Amtszeit hat im Jahr der deutschen Einheit ihren Anfang genommen.

Protagonisten der „ZDI": Jörg Franke, Manfred Jäger, Dieter Kmietczyk